華文創

尖文庫 EA015

學校教育系列叢書 001

智慧學校

蔡金田 著

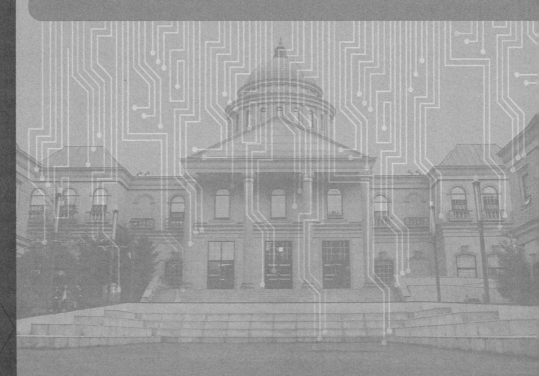

自 序

　　時代的巨輪始終不停地向前運轉，由農業時代、工業時代到知識經濟時代。知識經濟時代，數位科技引領風騷，帶動環境的演進、社會的變遷與知識的革新。臺灣教育在此時代潮流驅使下，亦歷經一連串的變革，在二十世紀九〇年代陸續推動「學校效能」，積極建立有效能的學校；追求「卓越教育」，提升辦學品質；力求「標準本位」，強調學習內容與學習方法；倡導「資訊融入教學」，將科技知識、科技教學知識等融入學科內容教學。邁入二十一世紀後，「優質學校」、「標竿學校」、「特色學校」、「理念學校」、「翻轉教育」、「實驗教育三法」、「教育 4.0」的創新思維等，每一次的教育革新，都為教育注入更多的活水，激發更多的火花，也提醒著教育主管機關、學校領導者以及教育工作者，應積極擁抱時代的變革，在觀念、思維與策略上應與時俱進，蛻變創新。

　　科技的進步加速教育的腳步，科技與教育的結合發展出智慧教育的軌跡，牽引智慧學校的來臨，也帶來另一波的教育革新。臺灣教育當局在政策方面最具象徵性的即是 2014 年經濟部門推動「智慧校園新興產業」，藉由「雲端產學聯盟」 進行「產學合作方案」，擴展學校團隊與科技產業形成合作社群，將產業 4.0 連結教育 4.00，展現「創新思維、協同創作」的教育資產，追求創建智慧學校的國際品牌。在學校端，則由於實驗教育三法的通過，不同的實驗教育陸續出現，例如有某基金會引進美國 KIPP（Knowledge Is Power Program）理念學校，並參酌臺灣的國情和教育現場，發展出臺灣 KIST（KIPP-Inspired School in Taiwan）理念學校體系，而此體系已被基層學校所採行，進行實驗教育。

數位時代帶來生活與學習的改變，生活中智慧型手機、平板電腦、筆記型電腦等行動載具無處不在，資訊科技改變人類的生活習慣，E-mail、網路資料、網路社群等，成為人們生活的一部份，而多向、遠端、無國界學習已成為數位趨勢下新的學習型態。處在數位時代的教育，學校教學、學習與評量等將有別於以往的教育方式，逐步走入數位教學、數位課程、數位評量、數位行政，進而邁向數位化生活的學校環境。

　　智慧學校的理念，短程目標在以應用資訊科技融入現代教育，提升教師教學的效能，增進學生學習成效；而長期發展則著力於建立智慧化的學校生活。本書在建構一個以理論為基礎，以學校為實踐場域的智慧學校推動藍圖，經由理論的探討去理解並探索學校的可行策略，藉由勾勒智慧學校實施的架構、流程、策略與品質管控機制，促使學校成為一所以智慧內涵的學習環境。

　　由於當前臺灣成功智慧學校之推動案例不多，在理論與實務現場的資訊尚在開發階段，大部分文獻仰賴國外之理論與實際案例取得，作者為克服文獻來源，乃積極蒐集並閱讀國外有關智慧學校（智慧教育）相關文獻，以奠定本書架構及其理論基礎。

　　本著作之完成，短期最直接的研究貢獻，在建構智慧學校運作之雛型，藉以強化學校全體教育人員具備運用數位化科技的能力，並能有效運用該能力於學校行政、課程教學、學生學習等教育事務。在行政運作上，建立數位化管理系統；在課程教學上，提升設計製作數位課程教材能力，以及使用數位教學模式；在學生學習上，則可透過不同資訊科技工具，隨時隨地上網取得課程資訊，建立時時可學習、處處可學習的學習文化。而最終之長期貢獻，則在數位學校建構的基礎上，持續協助學校永續經營與發展，逐步建立數位學校楷模，期盼能藉由此教育火花的引線，引燃智慧學校在臺灣教育的光芒。

蔡金田 謹識

於 暨南國際大學

中華民國 107 年 5 月

目　次

自序

第一章　緒論 ……………………………………………………………… 1

一、數位時代帶來教育的變革 ………………………………………… 1

二、資訊融入創新教學是教育政策的一環 ………………………… 3

三、教師素質是智慧學校成功的關鍵要素 ………………………… 3

四、智慧學校是教育的新藍圖 ………………………………………… 5

第二章　智慧教育的理念 ……………………………………………… 9

一、智慧的定義 …………………………………………………………… 9

二、智慧教育的意涵 …………………………………………………… 13

三、智慧教育的主軸 …………………………………………………… 16

第三章　智慧教室的理念 …………………………………………… 19

一、智慧教室的特徵 …………………………………………………… 19

二、智慧教室的驅動力 ………………………………………………… 21

第四章　智慧學校的理念 …………………………………………… 25

一、智慧學校的意涵 …………………………………………………… 25

二、智慧學校的革新要素 …………………………………………… 27

三、智慧學校的功能 …………………………………………………… 31

四、智慧學校的目的 …………………………………………………… 32

第五章　智慧學校的教學 ……………………………………… 35

　　一、教學與學習概念 ………………………………… 35

　　二、學習力與核心素養 ……………………………… 38

　　三、教學模式 ………………………………………… 40

第六章　智慧學校的課程 ……………………………………… 47

　　一、課程設計與發展 ………………………………… 47

　　二、課程教材 ………………………………………… 51

第七章　智慧學校的評量 ……………………………………… 59

　　一、學習評量的意涵 ………………………………… 60

　　二、學習評量的設計 ………………………………… 61

　　三、評量與教育目標的結合 ………………………… 65

第八章　智慧學校的行政管理 ………………………………… 69

　　一、行政管理事務 …………………………………… 70

　　二、過程與環境的管理 ……………………………… 73

　　三、人、技術與責任的管理 ………………………… 75

　　四、不同科技層級的連結 …………………………… 79

　　五、政策的執行 ……………………………………… 82

第九章　智慧學校的規劃與實施 ……………………………… 85

　　一、智慧學校的發展架構 …………………………… 86

　　二、智慧學校的執行流程 …………………………… 87

　　三、智慧學校的實施方法與策略 …………………… 90

　　四、智慧學校執行成效檢核指標 …………………… 104

　　　五、智慧學校執行進度分析規劃 ……………………… 109

第十章　結論 ……………………………………………… 113

參考書目 …………………………………………………… 117

圖 次

圖 1　智慧學校成功要素 ·· 6

圖 2　教學與學習環境因素 ·· 7

圖 3　智慧教育三個主軸 ·· 17

圖 4　智慧學校革新 ··· 30

圖 5　智慧學校教育目的 ·· 34

圖 6　課程品質要素 ··· 52

圖 7　學習領域內涵 ··· 54

圖 8　評量與目的的連結 ·· 66

圖 9　評量與教學過程的連結 ·· 67

圖 10　系統 IPO 模式 ·· 74

圖 11　智慧學校發展架構圖 ··· 86

圖 12　執行流程圖 ·· 88

圖 13　執行流程與內涵 ··· 90

圖 14　內容進度分析 ··· 110

表 次

表 1　班級學習環境的角色模式 ·························· 41

表 2　班級環境與學習策略 ···························· 41

表 3　班級環境與教學策略 ···························· 42

表 4　價值與技巧在班級學習環境的運用 ················· 44

表 5　課程依賴與課程獨立的學習策略 ·················· 45

表 6　智慧學校課程內容 ····························· 53

表 7　芬蘭的學習力模式與評量 ······················· 62

表 8　執行成效檢核表 ······························ 106

表 9　智慧學校實踐時程甘特圖（第一學年）··············· 111

表 10　智慧學校實踐時程甘特圖（第二學年）··············· 112

第一章　緒論

　　二十世紀中葉的後工業資訊時代，是人類發展的新階段。面對新的人類發展，學校教育在新的年代中應有新的思維、新的觀點和新的願景，以改進我們的教育系統，建構新的教育圖像。

　　臺灣教育當局（2008）倡導，面對學習者學習模式之改變，現今教師應當考量實施教學時，如何能夠更切合於學習者學習動機與需求，如何善用數位教學資源及資訊教學設備，有效整合與應用資訊科技於教學，進而改善教學模式，以期達成創新教學之目標，有效提升教學品質與成效。智慧學校是全球趨勢下的教育組織革新，因應這股數位時代的趨勢，學校唯有透過資訊科技的運用以形塑學校發展特色，方能在此教育變革下確保永續發展。智慧學校即是在少子女化的社會脈絡中，強化學校辦學特色的契機，藉由資訊通訊科技的建置與運用，校內外教育資源的整合，教育人員素質的提升以及有效能的行政管理等策略，來逐步建立學校辦學品質，強化學校競爭力，以奠定學校品牌聲譽，建立磁吸學生的誘因。

一、數位時代帶來教育的變革

　　我們生活在以知識為本位的資訊社會，新的科技與資訊都會在每天降臨。由於數位資訊正在改變這個時代，資訊通訊科技（Information Communication Technology, ICT）的運用將無法避免。當前資訊社會已逐步轉進到智慧社會，無論是社會學家、哲學家、資訊科技專業人員或教育專業人員正將此概念應用到社會品質層面，人們透過資訊科技的訓練與使用來進

行工作品質的革新，創造更佳的社會、經濟與教育效益（Tikhomirov, 2012）；Morze 與 Glazunova（2017）認為，在智慧社會中，教育典範與教育科技自然地進行變革，而此智慧社會成功的因素，有賴智慧學校統整科技的革新與網路的運用，提供高品質的教育和科學的過程；Norhasni（2009）亦提出，全球化衍生今日無疆界的世界，無法預期的環境改變，將對現存教育系統產生直接的影響，面對未來競爭與挑戰，以及數位經濟、數位革新的時代，教育系統必須進行有效的，從根本性產生變革。而此變革將直接切入學校行政管理、學校文化、人力素質的提升、教學與學習方法、課程教材與學習成效等教育重大要素，直接影響學校教育品質。因此智慧教育的理念因運而生。

　　源於數位時代此一不可逆的教育趨勢，數位科技的衝擊，也帶來翻轉教室與翻轉教學的軌跡，接續上演的便是智慧教育、智慧學校與智慧教室的誕生。而此趨勢也促使我們有機會去轉化教育系統，成為致力於學生學習、授權教師與行政人員，以及發展高價值且具備全球技術的能力。其中智慧學校扮演新的教育角色，藉由數位課程與教學確保學生學習需求，也因智慧學校的形成，教育資源建構、取得與運用亦將翻轉傳統教科書的教學模式，因此，社會趨勢與移動以及科技的取得、有效性與開放性逐漸成為智慧學校的重要特徵（Measuring the Information Society, 2012）。McAuley、Stewart、Siemens 與 Cormier（2017）亦談到，社會趨勢指向教育的個人化，建構個人化的教育；社會移動乃指透過移動的設備取得教育內容。科技的取得係指進入數位學習、科學資料庫、媒體圖書館等線上資源的取用；科技的有效性則指提供有效資訊科技的基礎設施，如雲端科技、虛擬科技與開放介面等；科技的開放性則指數位課程與學生訓練所需教育題材的可取得性。

　　綜上可知，學校教育在未來教育的革新發展中將產生根本性的變革，而智慧學校理念的實踐將在這波變革中扮演重要的推手，數位課程與教學的模式將成為新一波教學的革新，其接踵而來的，將是逐步孕育智慧教師與智慧教室的形成。

二、資訊融入創新教學是教育政策的一環

政策的決定往往是為達成權威當局的目的，此目的旨在促成機構的革新，提升政府或組織有關福利秩序與發展（Sufean, 2002, 2007）。過去數十年來，無論在發展中或已開發國家，科技已進入校園，將資訊通訊科技融入學校教育已是各國教育政策改革的重要一環，逐步在豐富校園的教學與學習經驗。在校園中完整資訊通訊科技的統整與專業的實踐需要學校教師的充分理解與信任，並據以培養資訊科技能力進而轉型課堂中的教學與學習，諸如澳洲、加拿大、英國、紐西蘭、新加坡和美國等倡導資訊通訊科技融入學校教育，促動學校的改變，這是一種由下而上的政策，由學校設定目標，而政府提供經費與資源（Khatoon, 2007）。

臺灣教育當局倡導「國中小行動學習推動計畫」，旨在鼓勵學校善用資訊設備及數位資源，使教學更活潑、創新的計畫，除期許能增進學生課堂參與度及提升教師教學品質外，希望能培養學生善用數位科技，提升其學科知識和能力，包含批判思考、創意思考、問題解決、溝通表達、合作學習等關鍵能力。在 2017 年「資訊科技融入教學創新應用團隊」暨「行動學習優良學校及傑出教師」頒獎儀式，全國共選拔「資訊科技融入教學創新應用團隊選拔」優勝團隊 20 隊，「行動學習」40 所優良學校及 20 位傑出教師（臺灣教育當局，2018）。

由上可知，資訊融入創新教學是國內外教育政策推動的共同趨勢，資訊科技融入學校教育是一股無法避免的改革驅力，處於知識經濟、資訊社會的國度，當迎向此一全球教育改革的潮流，迎接教育革新的挑戰，讓教育的革新帶動國家與公民整體競爭力的提升。

三、教師素質是智慧學校成功的關鍵要素

Koehler 與 Mishra（2009）認為，將資訊科技成功地融入班級教學，首

要工作即在理解如何運用科技在教學與學習方面做出改變，這包括了教學方法的設計、策略以及與課程教材之間的相關連結及其限制。當科技教學知識與教學內容知識有效連結，將成為最有力的工具去支持教師選擇適當的科技來提供學習，因此科技的投資與教師的訓練計劃，將是必須的要素（Cuban, Kirkpatrick, & Peck, 2001）。Zhao 與 Frank（2003）認為，透過教師同僚的影響，將有助於教師個人使用資訊科技，迎接教學的挑戰。

Green 與 Cifuentes（2008）研究指出，線上參與以及與同僚的互動，是教師提升專業發展的重要因素；Clark（2006）指出，科技有助於教師與他人共同工作，去分享和獲得新的知識與技巧；Lock（2006）則認為，線上教師學習社群有助於教師持續的專業發展與彼此信賴關係；Harnell-Young（2006）指出，線上教學模式，能克服時間與距離的問題，而這需要領導者的支持；Windschitl 與 Sahl（2002）認為，科技的使用有助於教師的專業發展，也影響班級實務工作的推動，而教師對科技的認同以及與教學信念的連結，則相對更加重要。

為進行有效且持續的教學改變，必須提供教師專業發展的機會，促使他們能成功統整資訊通訊科技於教學工作。Ming et al.（2010）指出，教育改革的成功與永續重要因素之一，即是教師的改變，政府應提供教師教學、社會、文化與情感的支持，促使教師能完整的統整資訊通訊科技融入教學，並提供他們必要的經費與資源。然而營造資訊科技的學習環境，亦有其必須面對的障礙，其中重要因素之一即是教師與學生的資訊科技素養。事實上，有效地教學與學習，有賴於適切的教學與學習教材，教學與學習教材有助於提升教師的績效，裨益學習者獲得知識，透過不同情境的教材設計，有助於教學目標的實現。

Seo 與 Kim（2015）研究發現：（一）在智慧教育中，有關智慧設施與教育策略，必須因應不同學科與程度進行有效的安排；（二）因應學習者資訊運用的能力、溝通的能力與資料蒐集的能力在教學與學習方法上應有所不同；（三）在規模較小的學校，實施智慧教學與學習具有其發展性。上述研

究發現說明，智慧學校的建構，應考量智慧設施的完整性，並透過學習者資訊的蒐集、統整、分析與歸納，來進行課程設計，以及推動數位教學與學習方式，成就教師的教學效能與學生學習成效。

　　由上可知，教師對資訊科技能力的具備、認同與使用、教師學習社群的建構、與同僚間關係的建立，將有助於教師去分享與獲得新的知識與技巧，提升教師科技教學知識與教學內容知識，也直接影響智慧學校建構的成敗。此外，教師在班級教學態度與行為的改變，教師社會、文化與心理的發展亦是重要的改革變項。因此，如何有效協助教師提升資訊科技教學能力、改變教學觀念，促進使用資訊科技融入教學的意願，將是有效實踐智慧學校的理念的重要工作。

四、智慧學校是教育的新藍圖

　　智慧學校實踐的藍圖，是一種工作計畫概念，不斷的評鑑與精煉，包括教學的精進、資訊科技的改進。學校是學習的機構，在教與學的實踐以及學校管理必須積極創新，以培養資訊時代學生應具備的能力。智慧學校強調成員的專業、教育資源與行政能力的持續發展，因此學校必須進行根本的變革，以支持智慧學校成功的實踐。EL-Halawany 與 Huwail（2008）、Sua（2012）均指出，智慧學校的成功與否在於教學與學習，其關係到以下要素：（一）管理與行政；（二）人、技術與責任；（三）科技；（四）過程；（五）政策。如圖 1。

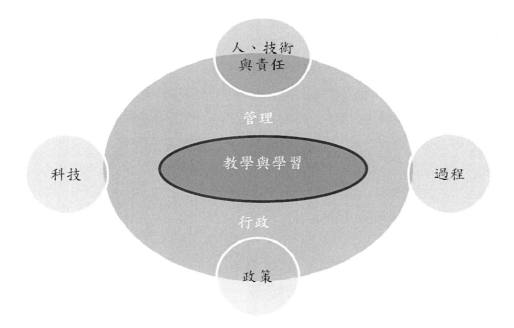

圖 1　智慧學校成功要素

　　另 Hopkins、West 與 Ainscow（1996）提出，智慧學校的教師應重視反省與分享他們的教學實務，這包括探索教學實踐以及檢驗教學時間是否有效。在國際間，小學與中學智慧學校的最重要特色即在教學與學習環境的建構，智慧學校的教學與學習環境，由四個因素來形塑，亦即課程、教學、評量以及教學與學習教材（如圖 2）。透過此四個重要因素來獲得完整的教學與學習經驗，此四個因素除應個別強化外，亦應重視其相關性。

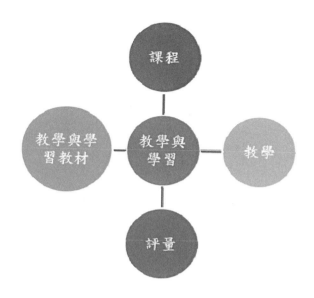

圖 2　教學與學習環境因素

　　由上述論述可知，智慧教育、智慧學校與智慧教室為數位經濟時代全球趨勢下的產物，此三者在實體建構、實務運作與策略運用上，有環環相扣的關係，而智慧學校則是上述三項理念的實踐主體。在智慧學校的實踐過程中，亦應重視智慧學校的目的、功能、影響因素、品質檢核、時間管理、人員、環境、過程與科技等要素。因此，本著作在後續專章，首先先論述智慧教育與智慧教室，接續以 EL-Halawany 與 Huwail（2008）、Sua 提出的智慧學校成功要素以及 Hopkins、West 與 Ainscow 提出智慧學校教學與學習環境的四個要素為主軸，逐步完成本著作。

　　由於智慧教育、智慧學校、智慧教室在國內尚屬於啟蒙發展階段，在教學現場實際運作者屈指可數，因此本著作有關智慧學校相關文獻來源，主要借鏡國外相關研究、論述與報告，在實踐策略部分，則根據文獻探討所發展出的智慧學校建構要素，來逐一論述其可行推動策略。茲將本書內容闡述如下：緒論（第一章）；智慧教育的理念（第二章）；智慧教室的理念（第三章）；智慧學校的理念（第四章）；智慧學校的教學（第五章）；智慧學校的

課程（第六章）；智慧學校的評量（第七章）智慧學校的行政管理（第八章）；智慧學校的規劃與實踐（第九章）；以及結論（第十章）等。

第二章　智慧教育的理念

　　在工業年代所建構的教育系統，是一種為未來工作做準備的單向學習與設計的傳統模式，而今日的學生，生長在數位科技的互動環境中，傳統的講述式教學與背誦記憶的學習，將產生根本的改變。值此數位科技引領風騷的時代趨勢下，智慧教育的誕生，儼然成為不可逆的教育發展趨勢。

一、智慧的定義

　　Klichowski、Bonanno、Jaskulska、Costa、Lange 與 Klauser（2015）談到，「智慧」兩個字近年來已逐漸為社會大眾普遍使用，從飲食界到科學系統皆然。智慧的觀點清楚地描述了科技的脈絡，在任何時間、任何地方藉由科技的提升去滿足人類的需求。

　　在進入智慧教育探究之前，先從智慧二字加以界定。International Business Machines Corporation, IBM（2017）曾針對智慧一詞有著詳細之詮釋，並下了以下定義：（一）智慧是一種跨領域的學習，發展新世代所需的能力；（二）智慧是不同的領導發展策略，對社群做出貢獻；（三）智慧是鼓勵發展多元經驗以解決複雜的全球問題；（四）智慧是透過學校運作連結良師與學習；（五）智慧係指在互動學習環境中進行彈性的學習；（六）智慧係指能取得全球的數位內容；（七）智慧係指能分享跨國的數位教學資源；（八）智慧係指透過不同的設備來傳遞教育，從電視到平板電腦，手機到網路，超越學校與家庭的學習；（九）智慧是數位學習檔案，提供學生、老師與家長能完整地看到學生學習計畫與需要，智慧是線上真實的測驗與分析；

（十）智慧是不同國家以共同網路為基礎去分享理念並創造知識。

　　Gardner（1983）把智慧界定為「在特定的文化價值標準下，解決重要問題或創造產品的能力」。他根據其多年對於人類心智的探討，建構出八種智慧認知架構，來詮釋人類天賦的多元智慧觀點（Gardner,1983, 1997, 1999; Gardner & Hatch, 1989），茲說明如下：

（一）語文／語言智慧 (Verbal / Linguistic)

　　語文／語言智慧係指能夠有效運用口語和文字，作為思考工具與解決問題的能力。諸如律師、演說家、編輯、作家、記者等是具備此種智慧的代表人物。對具有語文／語言智慧能力較強的人，他們熱衷於文字遊戲，對語文、歷史等課程亦有較高的興趣，喜歡引經據典，熱愛閱讀、討論及寫作。

（二）邏輯／數學智慧 (Logical / Mathematical)

　　邏輯／數學智慧係指能夠有效運用數字和科學邏輯，作為思考工具與解決問題的能力。諸如數學家、稅務人員、會計、統計學家、科學家、電腦軟體研發人員等是此種智慧的代表人物。具備較強邏輯／數學智慧的人，特別喜愛數學或科學類的課程，勇於提出假設並執行實驗以尋求解答，喜歡尋找事物的規律及邏輯順序，可被測量、比較、歸類、分析的事物較容易接受。

（三）視覺／空間智慧 (Visual / Spatial)

　　視覺／空間智慧係指善於運用視覺心像及空間圖像，作為思考工具與解決問題的能力。諸如嚮導、獵人、室內設計師、建築師、攝影師、畫家等是視覺／空間智慧的代表人物。具有此種智慧優勢的人，對色彩、線條、形狀、形式、空間及其間關係感覺特別敏銳，對於玩拼圖、走迷宮之類的視覺遊戲感到興趣，亦特別喜歡在腦海中構思設計視覺圖像或空間矩陣。

（四）身體／肢體動作智慧 (Bodily / Kinesthetic)

身體／肢體動作智慧係指善於以身體感覺與肢體語言，作為思考工具與解決問題的能力。諸如演員、舞者、運動員、雕塑家、機械師等是身體／肢體運作智慧的代表人物。具備此類智慧優勢的人平衡、協調、敏捷、彈性能力優於常人，熱愛於動手縫紉、編織、雕刻或木工，或是跑跑跳跳、觸摸環境中的物品，並擅長於運用整個身體來表達想法。

（五）音樂／節奏智慧 (Musical / Rhythmic)

音樂／節奏智慧係指善於利用音樂、節奏、旋律，來思考與解決問題的能力。諸如歌手、指揮家、作曲家、樂隊成員、音樂評論家、調琴師等是特別需要音樂／節奏智慧的職業。具有此優勢智慧的人對於節奏、音調、旋律或音色很敏銳，並且熱愛歌唱、演奏或欣賞歌曲。

（六）人際關係智慧 (Inter-personal / Social)

人際關係智慧係指善於透過人際互動所得的回饋訊息，來思考與解決問題的能力。諸如政治人物、心理輔導人員、公關人員、推銷員等是此種智慧代表人物。具備此優勢智慧的人善於察言觀色，並區分他人的情緒及感覺，對於需要組織、聯繫、協調、領導的工作亦能勝任愉快。

（七）自我反省智慧 (Intra-personal / Introspective)

自我反省智慧係指以深入探尋自我認知、情緒方式，來思考與解決問題的能力。諸如心理輔導員、神職工作、哲學家等職業適合自我反省智慧強的人擔任，這類人物有自知之明，能清楚感知自己的內在情緒、意向、動機、脾氣和欲求，並且能自律及自主。

（八）自然觀察智慧 (Naturalist)

　　自然觀察智慧係指透過觀察、欣賞大自然事物來思考以及解決問題的能力。諸如自然生態保育者、農夫、獸醫、生物學家、地質學家、天文學家等是特別適合自然觀察智慧強的人所從事的工作。具備此優勢智慧的人對植物、動物、礦物、天文等，具有興趣及敏銳的觀察與辨認的能力。

　　王為國（2001）針對上述多元智慧的觀點亦提出以下見解：

1　多元智慧理論對傳統智力觀點提出挑戰

　　自從 1905 年法國心理學家比奈（A. Binet）及西蒙（T. Simon）等人發展出世界第一個智力測驗以來，對於智力的概念、評量與運用有很大的影響，而以語言、數學、空間推理等為首的能力，被認為是決定一個人智力高下的標準。

2　多元智慧的理念明確易懂且具親和性

　　學童具有八種智能，而非只有一種智能的觀念，對教育人員而言明確而易懂（Torff, 1997）。而且 Gardner 及其同事特別強調多元智能在學校教育與家庭中的應用，其所論述的內容，比較貼近生活的內容，其理論較為具體，同時他們自己也規畫或參與多元智能課程設計、教學與評量的研究，並引用眾多的研究成果及經驗的事例，也頗具有親和性。

3　多元智慧的理念與以學生為中心的理念相符

　　多元智能理論強調尊重個別差異，認為每位學生都有其與眾不同智能分佈與組合，因此在設計課程、安排教學與進行評量時要以學生為中心。以智能之評量為例，多元智能不像其他智能模式，將焦點擺在測驗而非學生本身（Torff, 1997）。多元智能主張每位學生均有其優勢智能，教育人員必須發掘學生的個別潛能，並設計符合個別學生的課程、教學與評量，以學生之優勢智能為媒介，提升其弱勢智能。

4 多元智慧的理念和多元文化的理念不謀而合

目前多元文化受到重視，強調各個文化均應受到相同的尊重，試圖想減低或消除課程、教學、評量對學生所造成負面的影響，特別是對一些文化不利或少數族群者。多元智能和多元文化的理念不謀而合，世界上不同的文化所注重的智能不同，反對以西方社會為主的偏見（Torff, 1997）。

由 IBM 對智慧之闡述，可以瞭解智慧已是全球教育發展趨勢，經由資訊通訊科技成為一張結合個人、學校、家庭、國家與國際間之學習網絡，而智慧的實踐有賴於有效的政策引導與領導實踐，對於學生、教師、社群、學校、家庭以及國家做出貢獻。

教育目的之一即在開發人類潛能，促進每個人的自我實現。Gardner 的多元智慧觀點則闡釋了人類智慧的多樣性，以及人類個別智慧的差異性；而王為國與 Torff 對多元智慧特性的論述，可清晰瞭解多元智慧在學校、家庭、社群及個人的運用。實施多元智慧教學可以創造以學生為中心的教育環境，促成學生學生和真實生活的連結（Raffin, 1996; Teele, 1994）。多元智慧理論也影響了教師的教學實務（Leeper, 1996），促使教師採用更多的教學技巧（Roesch, 1997），更能察覺學生的需求（Fisher, 1997），增進教師的教學表現（Vangilder, 1995），更趨近真實評量之方式（王正珠，2001）。

因此，透過智慧學校理念的革新，將 Gardner 的多元智慧觀點融入學校課程、教學與行政管理，並連結家庭、社區及國家等教育資源網絡，多重途徑來開發學生的多元智慧，促進學生潛能的自我實現，培養國家所需的多元人才，將使教育邁向嶄新的旅程。

二、智慧教育的意涵

智慧教育（Smart Education）以科技做為教育革新的催化劑，翻轉傳統教育模式。ZTE（2018）提到，智慧教育強調教育品質與管理效能的改進，

它適用於任何階段的教育與私人機構。Morze 與 Glazunova（2017）認為，智慧教育的推動仰賴於教師有效的教學、學生學習的動機與獨自學習的技能、高品質與豐富的數位教學資源以及跨越邊界的網際網路。

Klichowski、Bonanno、Jaskulska、Costa、Lange 與 Klauser（2015）認為，智慧教育是以科技提升教育的策略。他們認為智慧教育奠基在五個重要因素：（一）自我導向：學生角色的改變將從知識的接受者到知識的產出者，而教師則從知識的傳遞者到知識的協助者，而此目標的達成有賴於線上評量、學術成就的評鑑、以及自我導向學習系統的建置；（二）動機的驅動：智慧教育致力於使學生有興趣從事於學習工作，因此強調教學與學習方法在於提升學生創造力、問題解決能力、過程中心的自我評量、從教科書的經驗轉型到自我學習經驗；（三）適應性：透過客製化的教學系統與客製化的學習系統來追求教育的標準。智慧教育強調教育系統的彈性化，透過客製化學習將學生個人興趣以及未來的生涯發展作結合，學生根據自我的程度與能力來進行學習；（四）資源的豐富性：建構支持教學與學習教材的資料庫——雲端學習的設備。智慧教育應提供免費可取得的教育資源，包括公部門、私部門以及個人的資源，並經由學習資源的傳遞平臺來提升合作學習；（五）科技的崁入：使用最新的資訊通訊科技於學生的學習歷程。建構教育環境，提供學生多元的學習方法，鼓勵以學生為中心的學習，讓學生可於任何時間、任何地方，依據興趣選擇最適合自我的學習模式。

張奕華與吳權威（2014）提及，「智慧教育」係指應用 ICT 促進教育的革新與發展為宗旨，以發展智慧學校為基礎，以發展智慧學區為願景，應用 ICT 的輔助，發展充滿智慧教育環境，應用現代教育理念，發展以學生為中心的教育理想，實現適性揚才、公平均質的境界。

曾秀珠（2017）認為，智慧教育之教學，跳脫傳統以「教」為目標的教學模式，轉而以學生為中心，瞭解學生如何「學」，並將科技引入教育的智慧課堂中，透過多元取向引起學生學習動機、協助學生使用科技載具接近學習入口、提供豐富的學習資源、科技支持與服務教學和學習、透過診斷工具

和雲端服務提供即時的學習評量結果，以及教師以科技創新教學和精進教學，有效提升學生學習的成效。

　　智慧教育是一種整合性的概念，意指「透過智慧設施的學習」、「學習者為中心的優質學習」、「自我導向的學習」、「智慧的客製化學習」以及「合作互動的學習」（Inae, Byungno & Jungyoung, 2012; Kyusung, Sunghwan & Jintaek, 2011; Sanghyun, 2010）。

　　Jung（2011）指出，智慧教育是優化學習成果的學習系統，是透過網路系統為基礎的客製化個人學習與合作學習，其學習過程包含正式與非正式的學習。

　　Kim 與 Oh（2014）提出，智慧教育主要包含五項因素，分別是自我導向、動機、適應性、資源的豐富性和科技的崁入。其中自我導向即指，改變學生的角色成為知識的產出者，教師則從知識的傳遞者成為學習的協助者；而動機則重視學生學習的興趣，強調教學與學習的方法、提升創造力與問題解決策略以及形成性的自我評量；適應性則在透過客製化的教育系統、教學與學習系統，強化教育系統的彈性以及學習與興趣及個人生涯發展的連結；資源的豐富性則在強調教學與學習教材的豐富性，建立雲端學習資料庫，提供免費可以取得的教育內容，包括公共與私人機構及個人的資料；科技的崁入則強調使用最新的資訊通訊科技，讓學生在任何時間、任何地方透過資訊可以進行學習，建構教育環境，鼓勵以學生為中心的學習。

　　Grzybowski（2013）認為，智慧教育的 SMART 有五個重要因子，其中S 即是自我導向（self-directed），即是學習源自於學生本身有意願去獲取知識；M 即是動機（motivated），確保學生學習的動機；A 即是適應（adaptation），培養學生適應的能力；R 即是資源（resources），強調網路資源的豐富性；T 即指科技（technology），將科技運用於學校教育的執行。

　　統整上述論述可知，智慧教育是自我導向的學習，學生在任何時間、任何地方，皆可透過資訊科技進行學習；智慧教育是以學習者中心的教育，重視學生的學習興趣與動機，提供學生適性與客製化的教學；智慧教育乃在統

整網路資源，強調課程教學的豐富性，評量的多元性，提升學生創造與問題解決的能力。

三、智慧教育的主軸

　　智慧教育旨在創造一個互動與合作的學習環境，因而賦予教師多重任務，而互動教學與班級管理為兩個重要元素。首先，互動教學涉及資訊科技工具的使用、監控、分享與控制；其次，班級管理則指在課程教材的行政事務、管理及溝通上能適時協助教師完成。而其執行成效則以教學的效能與學生進行學習時的學習動機與成效來加以評估。學生可以透過網際網路快速取得開放性的高品質電子教材，而教師則在創造這樣的電子教學資源，因此必須有效統整多媒體、教科書以及學校內外部的資源，並能有效做好學習評量的工作。

　　智慧教育是革新的教育，其推動過程涉及學習的支持、教師的支持、學校行政人員的支持以及 ICT 的管理。在教學的議題上，教師具備 ICT 技能、校際間資源的有效整合、教師持續的專業發展、ICT 的投資成本以及學習管理有效配合等，都將影響智慧教育的成敗；而 ICT 設備的標準、能否提供教育的需要、執行操作是否容易等，亦是影響智慧教育的重要配件。

　　相關學者（Igoe, Parisi, & Carter, 2013; Jang, 2014; Jeong, Kim, & Yoo, 2013; Kim & Oh, 2014; Sykes, 2014）在分析綜合智慧教育的相關文獻指出，智慧教育應包含三個主軸：移動學習、數位教材與雲端資料庫（如圖 3）。

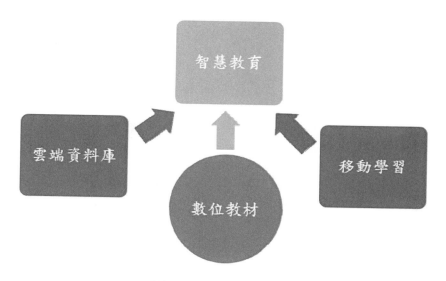

圖3　智慧教育三個主軸

　　首先，移動學習有助於學生透過資訊工具，於任何時間、任何地點進行課程學習，完成教育任務，增進學習效能（Igoe et al., 2013; Rothman, 2007; Sykes, 2014）；其次，數位教材是未來取向，藉由科技設計更具吸引力的教材，數位教材有助於自我導向學習，學生在數位環境下，可依自己的能力與技術，取得適合的教材進行學習（Jang, 2014; Sanghyun, 2010），它是在數位環境的孕育下，為學生客製化學習的教材，而不只限於一般的學習內容（Jang, 2014）；最後，雲端資料庫是電腦資源的使用（軟體與硬體資源），透過網路來傳輸教育資源，具有以下特性：（一）雲端資料庫必須進行快速的更新與管理，以提升資訊取得的方便性；（二）雲端資料庫的建立則有助於節省學校成本；（三）雲端資料庫可從任何地方取得資訊並加以運用、能夠有效支持教學與學習、有助於進階的學習與研究、提升教師工作的便利性與學習的有效性；（四）雲端資料庫可由不同型式的教材組成，如電子檔、影音檔等（Barhate & Narale, 2015; Jang, 2014; Jeong et al., 2013; Kim & Oh, 2014）。

　　智慧教育的實踐，數位化資訊科技基礎設施為其標準配備，必須經由資

訊網路與資料庫的建置來傳遞、分享與進行學習。而此數位化資訊科技基礎設施的充實，有賴政府經費的挹注方能竟其功，資訊科技基礎設施的水準與品質，將帶來不一樣的智慧學校效能；其次，要有效落實智慧教育的實施，必須進行學校課程教學與學習評量文化的革新，因此學校教育人員必須在觀念、角色、態度與執行上進行調整，在以學生為中心的核心理念下，經由教師的引導，協助學生成為積極自我導向的學習者，透過數位資料庫的知識效益，培養具備未來生存與競爭的能力。

第三章　智慧教室的理念

　　張奕華、王緒溢、吳權威、吳宗哲與韓長澤（2011）研究指出，就教學科技發展與趨勢而言，課堂 E 化的教學輔具，可將之分類為互動電子白板、實物提示機、IRS 即時反饋系統、數位板具與平板電腦等。

　　智慧教室即是在資訊科技產物下進行傳統教室的翻轉，協助教師進行翻轉教學的實踐。Rogers（2013）指出，智慧教室的目的，在提供學生和教師能夠使用科技工具，具備日新月異的科技技能，來提升在整體社會環境中的競爭力。ZTE（2018）認為，智慧教室經由多媒體科技來呈現知識，藉以提升教師教學效能與學生學習興趣。智慧教室建構在學校、工作、家庭與學習彼此間的一種無縫運動，是教育人員與學生透過數位工作來普及和影響學校教育（教學與學習），以及提供個人學習成功的路徑，智慧教室建構在支持學習者與學習，在複雜與變革的數位時代，創造學生成功的條件，而學校則應持續以學生為中心的學習，並適時提供真實的資料給老師，進行引導、改進、個別化教學以及資源的使用。

一、智慧教室的特徵

　　智慧教室（Smart Classroom）與傳統教室有別，從傳統教室走入智慧教室，教師的教學將進行新一波的革新。Measuring the Information Society（2012）認為，智慧學校有五個重要特徵，亦即社會取向、移動學習、資訊取得、科技的有效性與開放性。社會取向是指教育的個人化、教育組織的溝

通、合作；移動學習則在透過移動的資訊科技設備取得教育內容；資訊的取得則指數位學習、科學資料庫、媒體圖書館與線上資源等資訊的取得；科技的有效性乃指資訊科技基礎設施，如雲端科技、虛擬創新科技、開放介面等；科技開放性則指教材或數位課程的提供以及學生的學習訓練等（McAuley et al., 2017）。

Department of Education and Training（2017）在智慧教室策略文中談到，智慧教室應該建構在以下策略：（一）文化的革新：文化的革新必須形塑學習與教育服務的傳遞，因此在計畫與策略上必須支持學校領導團隊去確認學校的現況、未來以及如何達成現在與未來的目標；（二）開啟潛能：透過分享學習社群運作所產生的最佳實務，來開啟教學與學習的潛能。因此教育系統的焦點定位在使用者，融合地方與中央提供的教育內容，透過教育服務的傳遞來進行革新。透過有效學習工具與空間的使用來訂製專業發展計畫，提供老師與學校領導者協同合作的基礎，提升當前環境中的教學與學習品質；（三）啟動革新：看到教育與學校教育未來的需要，是教育系統在轉型過程中很重要的階段，智慧教室就是要啟動革新，進行傳統教學與學習的改變。透過智慧教室計畫，便能啟動科技與學習平臺，進行教室的創新與革新，建構學生和老師在一個安全、有趣、投入與支持的環境中，進行學習、發現、合作、創造與分享的互動環境。這樣的改變從學校產出結果到學生學習結果，將個人學習從線上學習導入實際情境的學習；（四）教學與學習成果：智慧教室應傳遞一種教學與學習的成果，這個成果有賴於學習機會、資源與專業知識的整合與連結；透過革新、分享與合作以及專業的發展與訓練。

Bahngian Teknologi Pendidikan Kementerian Pelajaran Malaysia（無日期）談到，智慧教室的教師與學生應具備以下特性：（一）學生中心的教學與學習、客製化不同的學習型態；（二）學生擁有高層次思考技巧、依個人速度學習、自我取得資源與自我導向學習；（三）教師熟悉使用 ICT 的能力；（四）教師能透過 ICT 的使用快速取得教學與學習的資源；（五）不同學習機構智慧夥伴的連結。

Smart Classroom（2018）談到智慧教室的理念應包含以下特性：（一）智慧教學空間；（二）智慧硬體環境；（三）智慧虛擬環境；（四）智慧教學工具；（五）智慧教學策略；（六）智慧教材；（七）智慧遊戲與模擬；（八）智慧教學；（九）智慧教師反省工具；（十）智慧教師訓練以及（十一）智慧教師手冊。

智慧教室是傳統教室的再進化，是一種學習與教學文化的革新，透過資訊科技基礎設施的完備，數位課程教材的提供，教師能力的省思與訓練，進行資訊融入創新教學，經由校內外教育夥伴之連結與數位教學資源的整合與取得，建構安全、有趣、支持、合作、創造與分享的數位互動教學環境。

二、智慧教室的驅動力

智慧教室的有效落實必須搭配各項重要配件，除了科技環境設施之建構外，人員的專業成長與知識庫的建構等亦是重要的驅力。

Department of Education and Training（2017）在〈智慧教室 2011-2014 年策略〉一文中，提及智慧教室計畫有四個驅動力：

（一）工作的數位化

（一）區域的科技管理者：區域的科技管理者，提供在執行過程中的領導、整合管理與支持，以及使用 ICT 資源與學習的策略。

（二）E 學習的諮詢人員：諮詢人員在協助教師創建個別學習經驗的連結，促進知識、資源與服務的分享，並在當前環境中進行教學與學習品質的傳遞工作。

（三）單一窗口（one portal）：單一窗口提供所有部門資訊與資源取得的管道。

（四）單一學校（one school）：設計並建構網路基礎，廣泛、彈性、永續和整合資訊管理，提供單一而真實的有關學生、老師、學校、課程、績效

與財政的資訊。

（五）學習環境：提供師生一個安全的學習環境，並為教學與學習的資源、空間與數位工具進行創新。

（二）專業的發展

（一）E 學習領導者架構：E 學習領導者架構提供領導者反思其角色以創造並永續 E 學習文化，鼓勵學校領導團隊支持智慧教室的計畫循環。

（二）專業發展架構：此架構為一種專業學習，協助教師擁抱數位教學，並透過範例演示協助教師使用 ICT 來支持和擴展學生學習，以及提供教師專業價值、關係、知識與實踐的路徑。

（三）支持工作者架構：此架構支持及引導工作者在班級教學中，進行E 學習與數位實踐。

（四）ICT 學習創新中心：此中心在提供當前專業發展機會，探索數位教學與學習，並加以創新。

（五）單一管道：旨在提供成員取得專業發展資訊，進行個別化學習，亦協助學校因應個別情境修改專業發展計畫。

（六）教師獎勵：獎勵在 ICT 統整教學與學習中表現優越的教師。

（三）啟發學習者

資訊科技的發達，為傳統的圖書館服務進行改變，圖書館為研究者、教師與學生，提供更多元廣泛的服務，而不再只是文本圖書之提供而已（Salah, Lela & Al-Zubaidy, 2014）。

（一）E 課程：允許使用者取得優質的學習教材；老師與學生能廣泛蒐集數位資源。

（二）學生 ICT 的期望：協助教師與學校領導者有計畫地將學習經驗融入 ICT，其目的在協助學生學習發展 ICT 知識、理解工作的方式與技巧，以因應知識時代工作之需要。引導學生進行數位學習，諸如數位教學、當前

學習模式、課程結果與學生表現等。

（三）圖書館服務：圖書館服務提供諮詢以及設計適合當前學習的空間。

（四）數位教室：數位教室計畫指向資訊、資源與專業發展機會去支持學校領導者瞭解、計畫與發展環境。

（四）網路平臺的管理

數位科技驅動智慧教室的誕生，迎接數位課程、數位教學、數位學習、數位資源等數位環境以及智慧教師的到來。

教師與學生是教室教學與學習的主角，也是智慧教室成效的關鍵人物，智慧教室實踐的推手。因此教師與學生的數位科技能力亦是智慧教室的重要驅力。何福田（2010）提出智慧教師應能具備適切的 ICT 知識，在教學過程中能應用 ICT 的適時輔助，營造「生動、互動、主動」的教學展現力，促進學生之間的合作學習；同時，教師在課前、課中及課後，能善用 ICT 的智慧分析功能，達成「精確、精緻、精進」的學習洞察力，展現智慧教學，並兼顧了「適性、適時、適量」的課堂調和力。

Azizah（2006）與 Lee（2007）研究指出，在智慧學校的教學與學習過程中，學生憧憬與期盼著在他們的學習環境使用資訊通訊科技，而教師也認為資訊科技有助於改善他們課堂中的教學型態與策略，惟教師需進一步接受資訊通訊科技的訓練，以創新教學方法。

Multimedia Development Corporation（2005）談到，教師要成功的使用智慧學校的課程，必須訓練教師能充分的運用相關的方法與原則，使其能將課程、教學與評量做有效的結合，而這關係著學校管理計畫的變革與教學的訓練，方能讓所有教師有效統整資訊科技在教學與學習上。

由上可知，智慧教室的驅動將產生智慧教師與智慧學生，智慧教室的形成有賴於資訊科技設備的完備、數位課程教材的開發、數位資料庫的建置，結合人、科技與設備的教育智慧產物。因此，科技設施的架構、教師與學生的資訊及媒體素養和能力，將是智慧教室的重要驅動力。

第四章　智慧學校的理念

　　在數位科技引領風騷的時代趨勢下，智慧學校的誕生即是數位驅動下的教育產物，有助於型塑更多元的學校風貌。Hanan 與 Enas（2008）認為，智慧學校建構的願景包含資源的統整、管理的革新以及資訊通訊科技基礎設施的完備。ZTE（2018）認為，智慧學校是運用網際網路與先進的資訊科技，去營造數位化校園環境，為教師、學生與行政人員提供個別化的需要。

　　智慧學校系統強調教學與學習工具（科技）的革新，如電腦、智慧載具、網路設施等，經由科技的使用，教育的過程產生快速的變革，科技系統將為教師與學生帶來教育過程的重要效益。智慧學校的實踐須經由智慧學校理念引導，透過焦點座談、參訪與專家對談等措施，逐步改變學校行政、教學與學習文化、教育資源的統整以及教師革新的觀念、意願與態度；經由教師學習社群及專業發展課程講座，來提升資訊科技能力，並能有效運用及分享於課程設計與教學實務中，以提升教學與學習成效，進而達成智慧化學校生活的目標。

一、智慧學校的意涵

　　智慧學校（Smart School）是指利用雲端教學、虛擬物聯科技技術，試圖改變學校教師、學生和行政人員，藉由校園資源交互整合模式，將學校的教學課程、行政管理、學習系統與校園資源，進行應用系統整合，以提升教學應用的明確度、學習度和靈活性，從而實現智慧化服務和管理的校園模

式。其主要特性涵蓋環境全面感知、網絡無縫互通、大量數據支撐、開放學習環境和師生個性服務（智庫百科，無日期）。

當前教育生態中，行政工作的加重與繁瑣逐漸增加教師的工作負荷，如何減少教師的工作負荷，使其展現最佳的教學狀態，已成教育工作的重要課題。智慧學校在授權教師與行政人員進入 E 化行政、分享內容、發展工具以及建立教育社群。因此教育系統必須因應快速改變的數位經濟時代所需的知識與技巧，以適應不同的工作環境。科技在教育系統終能快速提供有關課程、溝通與管理，並取得學生真實與完整的資訊，有助於學習者的學習，因此，數位環境的建立，將有助於營造最佳的學校效能。

智慧學校是一個以學生為中心、數位教學與學習以及共同合作的教育系統，提供下一代的學生參與知識經濟的社會活動。學校是教育實踐的場域，智慧學校的建構與實踐反映學校教育成效的真實面，茲將智慧學校的相關論述臚列並說明如下：

在今日快速變遷的社會，科技變革在教育系統扮演重要的角色（Sufean, 2007），Grzybowski（2013）提及，ICT 在學校教育的運用，已經改變了傳統制式和標準化的學習模式，讓學校教育進入互動、多元與創新的學習型態，培養學生具備二十一世紀的競爭力；Barhate 與 Narale（2015）認為，當前教育系統強調教學與學習工具（科技）的革新，經由科技的使用，教育的過程產生快速的變革，科技系統將為教師與學生帶來教育過程的重要效益；Thang、Azman 與 Joyes（2010）提到，在智慧學校的設施中，資訊通訊科技的整合是主要的趨勢，如電腦、智慧載具、網路設施等。智慧學校是一處學習的機構，透過學校教學、學習與管理的系統再造，為身處資訊時代的學生競爭力做準備。

Helmer（2017）談到，智慧學校是學習的機構，智慧學校應建立一個開放的學習系統，讓所有教育內容能被學生取得，經由「學生對學生」、「教師對教師」、「多個學生對單一教師」以及「多個學生對多個教師」來進行知識的分享。學校透過智慧領導整合科技資源，建置智慧教室、電子書包和雲端

教學，同時結合教師創意教學和學生創價學習，藉以提升學生思考力、學習力和創造力。因此，智慧校園因應而生，有所謂「思考力的智慧學校」、「學習力的智慧學校」、「教學型的智慧學校」（張奕華，無日期）。

　　綜上可知，智慧學校是以學生為中心、跨學科、建構校際聯盟的教育系統，可適時採取以下策略：（一）學生的適性學習計畫與學習檔案；（二）提供教師與學生科技與數位學習資源；（三）教師進行 E 化行政、監控與報告；（四）提供教師最佳的資訊；（五）提供學生線上學習資源；（六）建立校際聯盟、教師同儕、學生同儕與教育機構結盟的合作夥伴關係。而其目的則在協助教師進行創新教學，學生在學習過程中能獲得思考力、學習力與創造力等優質學習成效。

二、智慧學校的革新要素

　　智慧學校的建構，首應建立學校的共同願景，引導學校的發展。願景是指一個組織中共同認同與分享的信念、計畫與目的，它引導和影響著組織成員的行為（Larry, 1997）；Sergiovanni（1994）認為，願景是一種「教育平臺（education platform）」，它是一種建立共同行為規範的信念；Whitaker 與 Moses（1994）認為，願景它清楚的描述組織的共同目標將如何被完成，它是深植於每一個人心中的共同目標與挑戰。由上可知，願景是指組織中共同認同的目標與信念，它是組織成員的行為方針與規範，深植於每個成員的心中。

　　Harris（2002）認為，學校革新的首要因素是教師有意願並承諾進行改革，並且能檢驗並改進他們的工作；Hopkins 等人（1996）提出，智慧學校應強化學校能力，經由建置優質的教育實踐以提供有品質的教育，因此學校應進行以下革新：（一）透過教師合作完成個人與團體任務；（二）重要關係人能投入學校改革的議題；（三）分享學校發展的願景與發揮領導的功能；（四）對於願景、價值與教學品質的改革能持續與教師溝通；（五）能進行

行動研究與反省；（六）學校願景能與班級實務作密切連結。

Morze 與 Glazunova（2017）提及，現代學生普遍具備資訊科技的基礎能力，透過知識地圖能快速尋找資訊所在，數位課程是最適合現代學生的學習與教學模式；而學生在數位課程學習、實踐任務與研究主題的溝通與合作，是智慧學校的另一重要特徵。

Wan、Nor、Hamzah 與 Alwi（2009）指出，在資訊通訊科技整合過程中，教師面對的主要問題是時間、過程以及科技工具故障的問題；Mishra 與 Koehler（2006）認為，要成功建構智慧學校教學內容知識架構，必須將科技的執行與班級的需求作結合，而這包含了科技、教學與內容知識（Technological, pedagogic and content knowledge, TPCK）。此教學內容知識架構必須建構在科技教學知識（Technological Pedagogical Knowledge, TPK）），理解透過科技的使用去改變教學與學習。

Evelyn（2014）提出，智慧學校的成功要素包含：（一）採取線上學習模式，一種跨越地理疆界，不論都會或鄉村，學校規模大小，都可以取得全世界最佳的教學資源；（二）有效的轉換科技到不同的教學領域，學生可以根據本身的能力與需要，掌控自己的學習進度；（三）充分使用科技，快速並且廣泛的去連結每一所學校和班級，讓不同背景的學生均能快速且均等的取得他們所需的教育資源；（四）提供教師高品質且持續的專業發展，確保教師能將科技知識統整到教學與學習經驗；（五）確保學生畢業後能獲得新時代所需的能力；（六）計畫，計畫，再計畫，因應環境變遷不斷提出新計劃並加以執行。

Attaran 與 Saedah（2010）研究指出，在智慧學校中，教師和學生往往在面對教學與學習時無法有效地擁有正向的態度，因此為了提升智慧學校的效能，教育機構必須提供必要的資訊通訊科技設備，教師必須接受資訊通訊科技的專業訓練。Niemi、Kynaslahti 與 Vahtivuori-Hanninen（2012）研究發現，單純的投資科技資源與基礎設施，無法創造新的學校文化與學習經驗，進而提升學習與技術，因此必須提升 ICT 整合的影響（例如對組織或社群

的影響）。Niemi 等人（2012）研究發現，將資訊通訊科技融入學校文化與課程的影響因素有：（一）地方及學校文化；（二）參與願景與價值，以及學校校長在創新過程的影響；（三）教師和他們教學的實踐。

Salah 等人（2014）認為教育機構欲維持高度的競爭力，必須在校園與班級環境中有效統整科技，學生身處數位社會的環境生態，學校必須重新思考教學方法與標準，智慧學校即是開啟豐富學習大門的工具，鼓勵教學技巧的創新。因此，智慧學校中科技環境的營造確屬重要，包括：

一、教師電腦：確保教師充分使用電腦並保持網路的暢通。

二、管理操作環境（MOE）：提供有效管理的標準化平臺，節省學校時間與經費。

三、網路服務：提供教職員與學生安全的線上經驗，取得資訊並進行學習。

四、E 實驗室：智慧學校支持學校發展創新與創造實踐，提升學習的產出並彈性適應每一位學習者的需要。

五、科技的建置與設備：研究學習空間計畫，科技的設計、彈性與革新，為學生與老師創造有效的教學與學習空間。

由上述探討可知，智慧學校的建構是一種學校教育的反省與革新，有助於學校教育品質的提升，而在落實智慧學校的建構執行上應考慮以下因素：（一）建立共同願景；（二）具備資訊科技基礎設施；（三）團隊合作；（四）具備資訊科技能力；（五）建立數位課程；（六）實施數位教學；（七）賦予學生學習責任；（八）有效領導與管理；（九）學校文化的革新。作者進一步建構智慧學校的革新模式（如圖 4），讓資訊通訊科技融入學校每一天的學習。

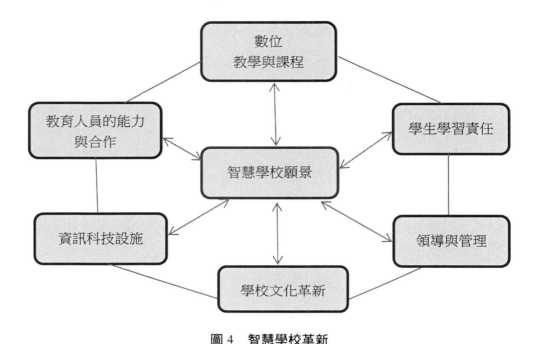

圖 4　智慧學校革新

　　在上述革新模式運作中：（一）學校全體教育人員應建立共識，規劃智慧學校共同願景；（二）ICT 在教學的使用，有賴於教師本身的決定，必須提供教師持續的專業發展；（三）必須投資資訊通訊科技設備，避免花費太多時間在電腦的維修；（四）資訊科技必須有效的連結不同學校與班級，俾利學生取得適合本身學習的資源；（五）教師依學生學習能力分成不同組別，並賦予學生學習的責任，並獲得未來競爭所需的能力；（六）校長扮演完全支持的角色，鼓勵教師統整 ICT 到課程教學並提供相關資源以及使用 ICT 的能力；（七）課程影響學生學習的成效，因此除標準課程外，應同時擁有課外補充教材與活動設計；（八）學校教育人員應有使用 ICT 技術的能力，並願意調整課程與改變傳統的角色，並為 ICT 統整課程與文化做出承諾。

三、智慧學校的功能

　　在資訊驅動、知識領航的時代，學校應致力於教育系統的轉型，透過整全性與完整的教育內容，達成師生身心靈的平衡與和諧，以促成學校的永續成長與發展。而這樣的轉型有賴於科技的支持，以培養優勢的競爭力迎接未來的挑戰。

　　曾秀珠（2017）提到，智慧學校藉由數位科技學習輔具的優勢，有助於教師關注每一個孩子，並且根據學習者的背景與需求提供合適的教育，促進並發展學習者的多元智慧、培養團隊合作素養、提升創造與創新的能力。

　　林進山（2016）談到，智慧校園不但能提升辦學績效，更能促使校園永續發展，達成教育願景，具有以下的功能：

　　一、智慧校園能促進行政創新經營，形塑「智慧行政」、「智慧管理」、「智慧社群」、「智慧保健」和「智慧綠能」。

　　學校行政的創新經營，可透過「智慧行政」建構校務行政模組系統；「智慧管理」建立智慧資源管理系統；「智慧社群」應用「雲端產學聯盟」的「產學合作方案」；「智慧保健」實施校園雲端智慧保健系統；「智慧綠能」設置綠能節能監控系統，以發展行政創新經營，再創優質學校。

　　二、智慧校園能激發教師創意教學，發展「智慧社群」和「智慧管理」。

　　教師的創意教學，可透過「智慧社群」發展各領域學習社群，校際學習社群、翻轉教學社群或創新教學社群，甚至國際交流社群，共同形塑創意教學。同時可善用「智慧管理」進行智慧教室空間規劃、創意班級經營和優質學習情境布置。

　　三、智慧校園能整合學生創價學習，引導「智慧學習」和「智慧保健」。

　　學生的創價學習，可藉由「智慧學習」進入「智慧學習網」和「創造力學習網」，以提升學生個別創作學習和合作學習的競合能力。亦可透過「智慧保健」建置保護自己及關照他人的學習創見能力。

　　Evelyn（2014）認為智慧學校具有以下特徵：

一、支持資訊基礎設施的建置。

二、透過資訊科技進行網路連結,建立校際與班際的夥伴關係。

三、將科技融入教學,提升教學效能。

四、透過資訊科技進行學習系統的管理,提升學習成效。

　　綜上可知,智慧校園的建構在逐步達成智慧教師、智慧教室、智慧社群、智慧行政、智慧管理的目標,而這包括了教師教學效能、學生學習成效以及行政管理效能的品質提升。智慧學校的實踐仍須經由網際網路的連結去建立校際或班際的夥伴關係,讓學生可以取得適合本身能力與興趣的適當教育資源。而為培養具備明日社會的學生能力,學生資料的採礦與分析可以有效瞭解學生的學習情形,提供適切的教育,進而建立優質與創新的學校教育品質。

四、智慧學校的目的

　　教育系統的轉化,須從學校文化與實踐加以革新,從傳統記憶式的教學走向刺激思考、創造與關懷的教學,以培養學生個別能力與學習型態;而此改變將使得學生在教育過程中承擔更大的責任,家長與社區更積極的參與學校教育。

　　Lubis(2009)認為,智慧學校旨在透過整全性的發展策略來進行教育系統的革新,其目的旨在聚焦於任何人可於任何時間、任何地點有效取得教育的價值,而這樣願景必須經由科技的探索改進系統,將教育傳遞給學生來成就學生的科技素養、工作力、身心靈的發展以及提升學生的優勢與能力等。Lubis 亦認為,智慧學校的成員,需要適當的技術以及能力設計有效的支持流程。

　　Koshan(2007)提出,智慧學校的學習氣氛,在鼓勵一種主動的思考過程,學校必須鼓勵學生使用網際網路作為研究與溝通的工具,並且能有效取得線上資源。

　　智慧學校是社會、經濟與教育環境下產物，藉由資訊網路科技，運用於學校行政事務與教學工作，此數位教育的學校革新工作，亦有其達成的教育目的，Department of Education and Training（2017）曾提到智慧學校的推動與達成以下教育目的，如圖 5，茲說明如下。

一、提供身、心、靈與智慧的全人發展：為所有學生提供多元的課程、強化思考的技巧。

二、增加教育關鍵人員的參與：創造快樂學校的氣氛、運用科技達成簡單又快速的溝通、提供家長與社區參與學校教育的機會。

三、民主式的教育：提供公平可以取得的學習機會，提供不同能力、型態與空間的學習。

四、培養具思考、科技語言的工作力：透過課程促進教學思考、運用科技在教學與學習。

五、提供機會提升個人的優勢與能力：提供選修課程、垂直統整的課程。

　　上述智慧學校教育目的，與現行學校教育目的並無太大差異，就身、心、靈與智慧的全人發展而言，皆為教育的首要；增加教育關鍵人員的參與則為教育是所有人員責任理念的延伸；而民主式的教育以及培養具思考、科技語言的工作力，則是目前學校教育應行努力之方向，因此透過智慧學校建構與實踐當能加速上述兩項目的達成。

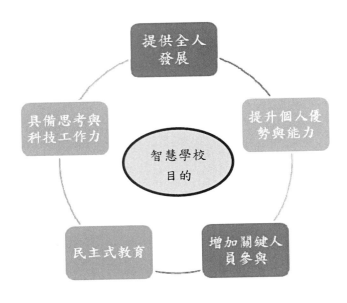

圖 5　智慧學校教育目的

　　總之，教育必須採取全人與統整的理念與態度因應未來的發展持續的努力，讓每一位學生的潛能充分實現，以達成身心靈的平衡與和諧，讓學生擁有高道德標準，有充分的責任與能力去達成個人的成就，為家庭、社會和國家做出貢獻。

第五章　智慧學校的教學

　　教學與學習是一體兩面，有效的教學與學習，則有賴於教師與學習者彼此間的良好互動，若教師教學目標不明確、教學內容不清楚，教學過程未考量學生需要、能力與興趣，便可能無法達成預期目標。Felrincois（1991）指出，教師教學若不能切合學生認知結構與背景資訊，將可能產生無意義的學習。因此有效的教學策略、教學情境、學習歷程與學習成效有著密切的關係。

　　教育工作者必須因應變革和快速學習新的技巧，因此學校教育必須提供更多互動方式，以提供學生思考、創造與彈性運用的能力。所以學校不能侷限於傳統教育方式，校外學習資源及學習網路的建構取得與運用，將是重要的課題。

一、教學與學習概念

　　在二十一世紀的學校，傳統教育強調訊息的獲得將被「學習去學習」及「使用知識的能力」所取代。學校教育改革者致力於學校的重新設計，如解決傳統學校所強調的「知識的零碎性」；「學生中心」的教學取代傳統「教師中心」的教學；對話成為教與學的中心媒介；學校是「知識工作」的組織，學習是「意義的製造」，而教學在「促進意義的建構」等改革願景，對學校教與學的本質產生根本性的改變（蔡金田，2005）。相關研究顯示，在所有條件一致情形下，教師教學品質與學生學習成效有顯著相關（Oleson &

35

Hora, 2014; Pike, Kuh, McCormick, Ethington & Smart, 2011）；而對於學生學習成效的評量，研究指出與教師教學法（Hummel & Randler, 2012）、校園學習氣氛（Choi & Rhee, 2014）以及同儕互動關係（Pike, Smart & Ethington, 2012）有顯著相關；因此學校建立學習文化，推動教師專業發展與學習社群，將有助於提升教學與學習的成效（Kurland et al, 2010）。

　　針對學生的學習方法，Campbell 與 Cabrera（2014）、Duff, Boyle, Dunleavy & Ferguson（2004）提出，深度學習是預測學習成效的重要變數，深度學習有助於學生專注在學習內容上，更重視資訊的根本意涵、統整、連結與後設認知。使用互動課程、學習資源與計畫，重視學生進行深度學習，重燃學生在線上學習的興趣，致力於學生精熟數位學習是未來學習的重要基石。科技有助於提供更多教學技巧及豐富學習的工具，學校應建構線上互動學習環境，培育學生能力與學習型態。線上學習環境能提供評量學習成效，和真實與即時的學習回饋，使用線上教學與學習資源並提供每一位學生相同的教育經驗，有助於縮短來自不同社經背景與族群的學習落差。

　　在學習策略方面，Bruner（1960）將學習策略定義為：「學習者面對問題情境，會因應情境運用舊有知識或資訊，產生認知的衝突、緊張和壓力，預備去冒險，以達成目標」。Paris、Lipson 與 Wixson（1983）指出，學習者在運用學習策略時，會依其學習內容、學習的情境而做適度的調整或選擇，也就是學習者在學習過程中所使用的學習策略可能是多樣化的，並不是一成不變的。Bigge、Stump、Spagna 與 Silberman（1999）提到，運用於跨領域或學科的共通性學習策略教學，使學生能夠掌握學習方法的知識、技巧、情意、態度，及適當的運用支持系統，以增加學生的學習成效。

　　在教學方面，Tagg（2003）提及，教師在啟發學生學習過程中，應由教師主導、學習被動的教學法，轉化為以學生為中心，主動學習的教學設計，引導學生進行高層次知識的學習，並能將學習所得之能應用在不同情境。為實施多元智慧理念的教學，在觀念上教師應尊重學生的多元智慧發展，而以不同的教學方式來配合學生的學習，並於教學過程中擴展和讚美學生的優勢

智慧。在作法上，可以智慧本身作為教學主題，或以智慧為手段去獲取知識，或者針對多元智慧而實施教學。在教學過程方面，可以包括喚醒階段、擴展階段、教學階段、遷移階段等，教師本身則需時常反省自己的教學是否對各項智能皆能均衡分配（王為國，2000）。Gosmire 與 Grady（2007）指出，學校應藉由資訊融入教學之相關研習，來提升教師的資訊素養，並運用行政領導措施鼓勵教師，增加教師進行資訊融入教學的意願，讓教師能善用資訊融入教學此一教學利器。

Zaom、Atan 與 Idrus（2004）談到，智慧學校是一種教學與學習概念的改變，其中學習的改變包括：（一）從資訊的接收、轉換到去搜尋相關的資訊；（二）運用資訊去解決問題與溝通理念；（三）培養學生高層次思考與創新的能力。教學的改變則有：（一）翻轉傳統的學習環境；（二）學生經由發現看到現象；（三）學生相信知識是流動的，經驗與技能在持續的成長與發展。

Smart School Project Team（1997）曾提到，智慧學校在教學與學習概念上，希望獲得以下效益：（一）具備批判與創造思考的技巧；（二）培養正確價值觀、能力、態度與需要；（三）改進語言能力；（四）學生配合本身的學習速度進行學習。

智慧學校教學運用資訊科技融入創新教學方式，採取以學生為中心的概念，獲得認知、技能與情意的能力，並且預期達成以下效益：讓學習更加有趣、激發、刺激以及有意義；學生身心靈均能投入學習的過程；具備基礎技巧為更大挑戰做準備；啟發不同能力的學生並滿足其需要。然根據 Kuharenko（2012）針對智慧學校教學活動的調查顯示，非正規與非正式學習在整體教育過程中約占 70%，正規學習只占 30%。

由上可知，提供適當學習策略的組合（正規與非正規學習），有助於學生進行多樣化的學習，滿足不同學生的能力與需求，有效獲得認知、技能與情意的能力，確保學生能精熟基礎的能力與全人的發展。智慧學校的教學，融入多元智慧的理念，充分發掘每位學生的潛能，讓學習更有興趣、動機、

刺激和有意義的，學習過程中讓學生身心靈有所成長；建構學生基礎知識以因應未來的挑戰；以及迎合每一位學生的需要與能力。教學設計應能使用適當的、混合的學習策略，確保基礎能力的精熟和提升全人的發展、因應不同的學習型態提升學習成效、孕育班級學習氣氛、兼具不同的教學與學習策略。

二、學習力與核心素養

發展高價值的技巧必須透過創造新的、跨域的問題解決策略、文化的覺知與實踐的經驗。21 世紀的工作力，強調有價值的工作者，他們能創造整全資訊、解決問題、高層次思考以及創新。創新與價值不只是科技技術，也是一種理解、適應與終身學習的能力。未來職場所需人才，是跨域的、具多元能力的人才，因此學校必須進行跨領域教學，為學生未來就業做準備。

為培養學生多元能力，以為未來職場需要並成為全球性競爭人才，世界各國無不投入學生學習能力的改革，茲說明如下：

經濟合作暨發展組織（Organisation for Economic Co-Operation and Development, OECD）在 2003 年提出三層面九向度的核心素養。三大層面分別為「使用工具互動素養」、「異質團體中互動素養」以及「自主行動素養」。其中使用工具互動素養，包含使用三種不同類型工具的互動能力：（一）運用語言和符號；（二）運用知識和資訊；（三）運用科技互動能力；異質團體中互動素養則分為人際互動、團隊合作以及衝突處理能力；其中互動素養則包含個人在大環境脈絡的行動能力、生活管理規劃能力及主張維護自身權益、興趣與需求能力。並特別提及反思（reflectiveness）是關鍵能力之核心（Hoskins & Fredriksson, 2008）。

Assessment and Teaching of 21st Century Skills 將學習力列為關鍵能力之一，並提出學習的關鍵技能分為四個層面：（一）思維方式（ways of thinking）：1. 創新與創意；2. 批判思考、問題解決和決策；3. 學習力／後設認知。（二）工作方式（ways for working）：1. 溝通；2. 團隊合作。（三）生

活方式（ways of living in the world）：1. 公民素養；2. 生活與生涯；3. 個人與社會責任。（四）工作工具（tools for working）：1. 資訊素養；2. 資訊和溝通科技素養（Binkley et al., 2012）。上述十項關鍵技能，每項技能都包含知識（Knowledge）、技能（Skills）、態度（Attitudes）、價值（Values）與倫理（Ethics）成份，取每個成份的字頭，是為 KSAVE 模式（Binkley et al., 2012）。

　　Partnership for 21st Century Learning 透過公私立部門與教育團體，共同建構 21 世紀學生須具備的四大類核心素養：（一）核心課程（語言能力、藝術、數學、經濟、科學、史地、公民等）；（二）學習與創新技能（創造力與創新、批判思考與問題解決、溝通與合作）；（三）資訊、媒體與科技能力以及（四）生活與生涯能力（彈性與適應力、自動自發與自我導向、社會與文化能力、生產力與績效、領導力與責任感）（Partnership of 21st Century Learning, 2015）。

　　臺灣教育當局（2014）提出「十二年國民基本教育課程綱要」課程目標（啟發生命潛能、陶養生活知能、促進生涯發展、涵育公民責任）、核心素養（自主行動、溝通互動、社會參與三大面向，再細分為九大項目：身心素質與自我精進、系統思考與解決問題、規劃執行與創新應變、符號運用與溝通表達、科技資訊與媒體素養、藝術涵養與美感素養、道德實踐與公民意識、人際關係與團隊合作、多元文化與國際理解），做為高級中等以下學校課程教學之依據。

　　上述國際間提出的核心素養，清楚陳述了 21 世紀公民所需具備的核心能力，亦即因應新世紀之變革，當前學生所應學習的關鍵能力。由不同國家與組織所規畫之核心素養可知，21 世紀教育之學習內涵，必須超越基本學科之學習，要學會溝通與團隊合作、培養資訊科技能力以及生活技能，而其核心理念則是持續不斷的終身學習。未來教育的挑戰是如何改變教學方式將基本學科與學習力及核心素養加以融合，智慧學校的教學與學習亦無法避免此一趨勢。

三、教學模式

　　全球化、科技化、資訊多元化以及社會的急遽變遷讓教學與學習面臨前所未有的挑戰，而教師的教學模式更是影響學生學習成效的重要關鍵。吳清山（1992）、林生傳（1991）、Perrott（1991）認為，有效的教學策略應包含以下要素：（一）溝通單元教學目標；（二）設計高結構性教材；（三）有系統呈現教學訊息；（四）提升主動學習時間；（五）擁有具體操作經驗；（六）運用視聽媒體；（七）建立回饋系統。Myers 與 Myers（1990）認為，有效教學模式可以採取以下策略：（一）經由講述與演示來提供學生資訊與概念；（二）經由學生回饋精進與增強理念；（三）以實例演示和發表作為學生作業。

　　教學模式是有效傳達課程教材的重要媒介，影響學生是否有效吸收課堂傳授之課程。為達成學習效益，智慧學校將讓學生體驗不同的學習經驗，採取創新的教學方法（Smart School Project Team, 1997）：

　　一、在學習過程方面：設定明確的學習目標。積極主動的學習過程，讓學習者持續建構有意義的學習。

　　二、學習模組：個人、配對或小團隊的實施方式。這包括專家（教師或社區成員）、促進者（教師助理、志工與學生）、非人力資源（教材設計、電腦、多媒體以及影印教材等資源）。其他如社群網站、電腦多媒體模擬、工作實驗室、會議室及圖書館等。

　　三、學習任務：真誠的、真實的生活環境以及真實世界的挑戰。除了獲得專業的知識外、一般技巧的學習亦屬必要，如跨境資訊的轉型、談判、人際關係技巧、做決策的技巧、任務熟悉的精熟度、績效評量以及給予學習者管理自己的學習。

　　為確保每一位學生基礎能力的精熟以及達成全人發展，必須有效運用學習策略組合。學生和教師在班級學習環境可能扮演的角色，將從教師中心到學生中心的發展，區分成四個不同的模式（Smart School Project Team, 1997），如表 1 至表 3。

表 1 班級學習環境的角色模式

	教師中心	教師是良師與形塑者	教師是教練與促進者	學生中心
建立學習目標	由教師建立	由教師建立	透過學生與教師討論建立	透過學生與教師建議和輸入
教學任務的決定	由教師決定	開放討論由教師建議	透過學生與教師建議決定輸入	透過學生與教師建議決定輸入
選擇教學任務所需資源	由教師選擇	開放討論由教師建議	透過學生與教師建議選擇輸入	透過學生與教師建議選擇輸入

其中在班級環境中重要的輸入乃指學習過程中學習策略的使用，如表 2：

表 2 班級環境與學習策略

學習策略	敘述
直接策略	鑽研、練習、精熟學習與直接教學
觀察策略	經由觀察他人表現學習
中介策略	直接協助學生在學習過程中直接運用知識去解決問題連結資源、教練與開放討論
生成策略	協助學生如何運用他們的智慧在適當的情境中行動
合作策略	協助學生使用人際關係技巧去完成任務
校外學習策略	以活動為本位的學習，會議、研究室、工作坊和自行操作
後設認知學習策略	學生透過思考去探討學習過程、如何執行以及如何改進

不同班級環境與教學策略的適配情形如表 3。

智慧學校

表 3　班級環境與教學策略

	教師中心	教師是良師與形塑者	教師是教練與促進者	學生中心
直接策略	聚焦於基礎技巧；經常性鑽研與重複執行			
觀察策略	基礎技巧與理論的案例運用；學生觀察專家和教師	教師和專家呈現概念；學生在互動中提出問題	教師和專家呈現概念；學生在互動中提出問題	教師和專家呈現概念；學生在互動中提出問題；學生成為其他學生的範例
中介策略	教師決定清楚的課程計畫；聚焦在運用基礎技巧以及學生和學生的互動	和學生進行討論、問題與回答；教師設定學習目標	和學生進行討論、問題與回答；學習目標由教師和學生討論設定	
生成策略		教師設定問題；學生選擇策略；教師協助執行	學生和教師參與設定目標；學生期望發展問題解決的選項；教師協助執行	學生設定任務和決定教師的投入；學生期望設定解決問題的選項與教師的協助
合作策略		教師設定學習目標與規則；學生組成團體由教師安排角色	參與設定學習目標；學生期望組成團體及內部決定角色；教師能介入引導與建議	學生設定學習目標；學生屬於團隊並能決定自己的角色；教師支持學生去發現一個合作的工作型態

表 3　班級環境與教學策略（續）

	教師中心	教師是良師與形塑者	教師是教練與促進者	學生中心
校外學習策略		教師提供學生目標與執行策略；教師安排田野活動或實驗室	教師與學生參與目標設定；學生在田野與實驗室期望採取主動	學生發展問題和解決策略；教師參與；田野活動和實驗室的安排由學生設定
後設認知學習策略		學生被要求去討論如何看見目標；班級中使用刺激反應	教師促動學生反思目標與活動	學生反思自己的學習計畫；並掌控與教師的對話

　　Smart School Project Team（1997）接續提及，結合高層次思考與價值的班級教學，計畫團隊指出，大多數價值與思考技巧能透過不同課程教學獲得。當學生逐漸升上高年級以及成熟度增加，在班級環境中逐步允許學生擁有較大的自主性，讓他們進一步能運用價值與技巧在班級學習的環境中，而高層次的思考技巧則在探討及強化價值的發生。如表 4。

表 4　價值與技巧在班級學習環境的運用

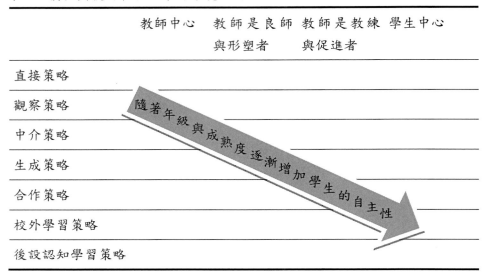

	教師中心	教師是良師與形塑者	教師是教練與促進者	學生中心
直接策略				
觀察策略				
中介策略				
生成策略				
合作策略				
校外學習策略				
後設認知學習策略				

（圖中箭頭文字：隨著年級與成熟度逐漸增加學生的自主性）

　　智慧學校的目的之一，即在維持學生學習的終身熱忱，學生若在學習過程中擁有較大自主性，將有助於提升學生在學習上的興趣，而以學生為中心的教學，便有助於維持學生的學習熱忱，因此在課程依賴與課程獨立的不同學科，其學習策略是不同的。內容依賴學科強調教師直接教學確保技巧的精熟，學生與學校教材互動去鑽研、實踐與發展；內容獨立學科，學生對於課程內容與課程方向擁有較大自主性，大都採取學生合作的策略。如表 5

表 5　課程依賴與課程獨立的學習策略

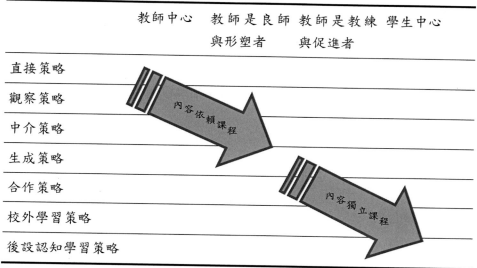

Smart School Project Team（1997）亦發現：（一）高動機學生較喜歡團隊中工作；（二）當學生能依照自己學習速度學習時，他們更能快速工作並享受學習；（三）學生希望在班級學習不受干擾，能和他人共同完成任務；（四）學生有能力去執行三種學習型態：視覺、聽覺和動覺；（五）當學生在思考問題時較喜歡走動式思考；（六）學生較喜歡非正式的班級環境。

臺灣教育當局（2014）年提出「十二年國民基本教育課程綱要」談到，教學實施要能轉變傳統以來偏重教師講述、學生被動聽講的單向教學模式，轉而根據核心素養、學習內容、學習表現與學生差異性需求，選用多元且適合的教學模式與策略，以激發學生學習動機，學習與同儕合作並成為主動的學習者，並提出以下模式與策略：

一、為能使學生適性揚才，教師應依據學生多方面的差異，包括年齡、性別、學習程度、學習興趣、多元智能、身心特質、族群文化與社經背景等，規劃適性分組、採用多元教學模式及提供符合不同需求的學習材料與評量方式等，並可安排普通班與特殊類型教育學生班交流之教學活動。

二、教師指派學生作業宜多元、適性與適量，並讓學生了解作業的意義和表現基準，以提升學習動機、激發學生思考與發揮想像、延伸與應用所學，並讓學生從作業回饋中獲得成就感。

三、教師應建立有助於學習的班級規範，營造正向的學習氣氛與班級文化，並加強親師生溝通與合作等，以提升學生學習成效。

四、教師宜適切規劃戶外教育、產業實習、服務學習等實地情境學習，以引導學生實際體驗、實踐品德、深化省思與提升視野。

五、為增進學生學習成效，具備自主學習和終身學習能力，教師應引導學生學習如何學習，包括動機策略、一般性學習策略、領域／群科／學程／科目特定的學習策略、思考策略，以及後設認知策略等。

綜上可知，智慧學校建構的教學元素中，包含了班級環境的營造、教師角色、學生角色、親師生互動關係、教學策略與學習模式。為讓學生學習團隊獲得多元的技巧、能力與熱忱，班級環境的選擇是另一個重要因素，學生學習的型態已逐漸不再適合傳統的班級環境。面對多樣性的班級環境，學生和教師應針對不同型態、課程與學習經驗進行協商，學生學習型態的運作，應有助於學生學習動機與能力的管理。

而班級氣氛的營造，對於教學與學習是重要的因素，因此班級氣氛的營造應建立在以下重要因素：（一）建立尊重的氣氛與關係：師生的正向互動、學生間的正向互動；（二）建立學習的文化：學習過程與內容的平衡、學生適當獎賞、學習成就的高度期望；（三）班級管理：教學團隊的合作管理、過渡期的無縫管理、教材與設備的合作管理、非教學任務的合作表現、志工與輔助人員的有效視導；（四）管理學生行為：學生行為的標準與發展、教師和同儕不引人注目的學生行為監控、對學生失序行為的敏感度與適切性反應；（五）物理空間的組合：教室空間與設施的安全性、最佳資源設施的使用、資源能公平的取得。

第六章　智慧學校的課程

　　Mohamad（1996）談及，二十一世紀智慧學校課程的轉換，即在檢驗教育系統如何去創造學習如何學習，以持續學生的教育，即使在課後亦能進行學習。課程內容與設計關係學生學習的領域與智慧的成長。前開所提及多元智慧、核心素養與學習力等理念，即是可納入課程教材設計的參考架構，以因應不同學生潛能的開發與引導。

一、課程設計與發展

　　課程發展（curriculum development）係指課程編製與修訂的歷程，課程發展宜重視系統性、可行性、創發性和形成性（becoming）；課程發展關係課程品質、教學成效以及改善學生學習成果。臺灣教育當局（2014）提出「十二年國民基本教育課程綱要」，在此綱要中談到，課程發展要能因應不同教育階段之教育目標與學生身心發展之特色，提供彈性多元的學習課程，以促成學生適性發展，並支持教師課程研發與創新。學校課程計畫是學生學習的藍圖、課程公共對話與溝通的重要文件；透過學校課程發展委員會的組織與運作，持續精進國民教育及學校本位課程發展。

　　課程發展是一種動態的歷程，有其一定的軌跡可循。Hannafin、Hannafin與 Gabbitas（2009）認為，數位學習教材的發展包含以下要素：教學目標、教學方法、評量過程與學習結果。而數位教材的學習成果，應能使學生具備快速理解與運用數位教材、課程學習方法、問題解決能力、參與合作學習環

境以及管理自我學習歷程等能力（Shi, 2010）。

　　林志成（2011）認為，課程發展之影響因素主要包括：

　　一、課程因素：（一）課程、領域及學科特性，例如：課程改革方案的系統性與完整性、課程改革的幅度、領域內與領域外之間是否有所統整連結、課程內容有否與生活脫節等；（二）課程規劃的權力分配、霸權解構、心理技術層面，及課程的層次、對話、交流、討論、分享與合作的機制；（三）有否進行課程與教學改革的系統性評估作業、如何形成共識、有否動態調整的完善配套措施、有否進行課程與教學評鑑等。

　　二、教師因素：（一）教師平凡的規範及穩健保守的文化生態與心態；（二）教師對教育專業、學校行政與教學工作的認同與服務意願；（三）教師的時間與負荷；（四）教師的合作性；（五）教師的專業知能的成熟度與在職訓練。

　　三、學生因素：（一）學生的素質不一，僵化呆板的教學法無法符應學生的個別需求；（二）多元智能發展的適性教育需要多元課程、教學、學習與評量；（三）學生在功利主義及升學主義的浪潮襲擊下，不易跳脫升學桎梏，較難實現自我；（四）學習與生活脫節，造成一群只會讀書、只會追名逐利而不會生活的孩子；（五）兼重學習歷程與結果，才能優化學習，創造學習效果的極大化。

　　四、組織因素：（一）學校組織結構、氣氛、慣性與文化；（二）組織規模大小與發展狀況；（三）經費、資源、諮詢服務等支援系統；（四）教師流動率；（五）組織有否安排課程社群對話與討論的時間。

　　五、家長及社區因素：（一）家長對教學的理解與支持；（二）家長的課程理念影響教學的實施與組織的運作模式。

　　承上，課程發展涵蓋教學目標、教學方法、評量過程與學習結果等內涵，其發展過程中受到學校組織、社區、家庭、教師與學生等影響，因此在課程設計過程中，不外應著重於上開因素與內涵。茲將國外學者對於智慧學校的課程設計原則臚列如下：

Brady（1987）將學校課程的設計分為三個向度，包括：「活動類型」、「參與人員」以及「課程內容」；Oliva（1992）所歸納的課程發展組織的形式，分為三類，分別為校長主導的組織、教師自主運作的組織、家長及教師共同組成的組織；Pawlowski 與 Hoel（2012）提到數位課程的發展，必須先設定其標準，提供人員取得課程的協同效應，透過科學人員與教師來主導課程發展的教育研究與使用，以確保教育品質。課程設計要有助於學生成就所有的學習並能平衡的發展，因此必須進行課程水平與垂直的統整。

Morze 與 Glazunova（2017）認為，數位課程結構應該提供：（一）建立個人學習的工具，如調查、問卷、測驗等；（二）呈現外部網路資源與多媒體理論教材；（三）與外部公共資源的連結，如研討會、文章、研究教材；（四）教師討論論壇與回饋；（五）課程與正式評量工具的運用與控制。而其實踐技術則應包括理論教材、實踐工作與研究工作三部分。

雖然，上述人員強調數位教材的功能與內涵，但根據 Fullan（1991）研究觀察數位課程的實施發現，雖然改變在每一個地方發生，但改變的進程卻是不同的，雖然很多事情在改變，但相對的很多事情還是維持原狀，沒有進行改革；如同 Mahani（2006）研究指出，數位教材在學校中已普遍受到推廣，但仍有 64% 的教師表示仍較喜愛用傳統教材來進行教學，而同樣研究也指出 72.4% 的教師認為只有少數學生能管理數位教材資源並進行有效學習。因此，智慧學校的數位教學與學習仍有進步的空間，應列為智慧學校教學與學習的重要課題。

Smart School Project Team（1997）認為智慧學校課程強調：（一）意義的建構：讓所有學生瞭解學習的目的；（二）社會責任：讓學生知覺民主社會中，公民應盡的義務與責任；（三）多元文化：課程反映文化的多元性，讓學生能尊重不同的族群；（四）反思：課程能培育學生反思的技巧與態度，讓學生有能力進行批判思考與創造；（五）全人發展：課程適當的強調所有有關身心成長與人類智慧的重要面向，協助學生看見不同學科間的連結；（六）全球化：課程能讓學生瞭解全球互動的重要，如環境與經濟；

（七）開放的：開放的進行課程調整與再精緻化、以及開放的讓學生取得學習成果與課程資料；（八）目的本位：課程聚焦於重要目的，如專業的需要、重要技巧的發展、知識的獲得以及在當前社會所應具備的終身學習的能力；（九）科技：使用科技作為課程傳遞的系統、檢視科技對學生生活的影響以及賦予學生使用科技技術的能力。而智慧學校的課程設計在成就學生的全人發展，包括：（一）溝通：有效的口頭與書面溝通，強化多國語言學習與人際關係技巧以及網路的運用；（二）認知：強調知識的搜尋、獲得與類化，並能運用知識在問題的解決與創新；（三）情意：強化道德、倫理與宗教價值，團隊合作的特質以及情緒的平衡與情緒智商；（四）生理與社會：強化健康與環境議題的社會責任與共識，全球取向的工作能力與技巧。

　　智慧學校的實施必須掌握課程設計的要素，並在政府政策架構下來加以推動，「十二年國民基本教育課程綱要」是我國當前積極推動的課程政策指標，因此在探討國外學者對於智慧學校課程設計的觀點之後，作者亦將「十二年國民基本教育課程綱要」課程設計原則說明如下：

　　一、學校課程發展應重視不同領域／群科／學程／科目間的統整，以及各教育階段間之縱向銜接。

　　二、課程設計應適切融入性別平等、人權、環境、海洋、品德、生命、法治、科技、資訊、能源、安全、防災、家庭教育、生涯規劃、多元文化、閱讀素養、戶外教育、國際教育、原住民族教育等議題，必要時由學校於校訂課程中進行規劃。

　　三、為因應特殊類型教育學生之個別需要，應提供支持性輔助、特殊需求領域課程及實施課程調整。

　　四、特殊教育學生的課程必須依據特殊教育法所規範的個別化教育計畫或個別輔導計畫適性設計，必要時得調整部定必修課程，並實施教學。

　　五、學校課程計畫至少包含總體架構、彈性學習及校訂課程規劃（含特色課程）、各領域／群科／學程／科目之教學重點、評量方式及進度等。在遵照教學正常化規範下，得彈性調整進行跨領域的統整及協同教學。

六、學校課程計畫應由學校課程發展委員會通過後，於開學前陳報各該主管機關備查，並運用書面或網站等多元管道向學生與家長說明。為有利於學生選校參考，高級中等學校應於該年度新生入學半年前完成課程計畫備查與公告說明。

七、中央及地方應建立學校課程計畫發展與實施之輔導與資源整合平臺。

智慧學校的課程是有意義的、符應社會的、多元文化的、反思的、全人的、全球的、開放的、目標本位與科技的。課程在提升完整的學習，允許學生有不同的學習空間，以迎合不同學生的能力與需要，確保學生在受教育過程中擁有批判與創造思考的技巧、正確的價值觀與認知能力。課程設計應能協助學生達成統整知識、技巧、價值和正確使用語言的能力；明確陳述不同能力學生的學習結果；提供跨領域課程、專題與繼續學習的能力；培養適當的知識、技巧與態度，讓學生在資訊年代獲得成功。

智慧學校課程強調運用資訊科技的設計統整技巧、知識、態度與價值，以迎接資訊年代的挑戰。因此資訊課程素養應培養學生使用資訊科技工具與資源去蒐集、分析處理以及呈現資訊來支持在不同環境脈絡中有意義的學習，以為未來的工作與生活做準備。此外，智慧學校共同課程計畫，也透過活動設計來強化課堂的學習、校園學習樂趣與學生學習興趣，如社區服務活動、文化活動、學校活動與課程相關活動、創造性活動與運動及遊戲等。

二、課程教材

智慧學校教學與學習教材，應能結合以網路為基礎、以教師為基礎以及課程教材等因素，迎接資訊時代的教育挑戰。為革新的教學策略，智慧學校必須重新設計教學與學習教材，這些教材將迎合不同學生的需要與能力，以有效培養學生的能力與實現他們潛能，並在學習過程中賦予學生本身最大責任。

Smart School Project Team（1997）認為，教學與學習教材的概念化選擇與評鑑指引包括五個標準（如圖6）。

智慧學校

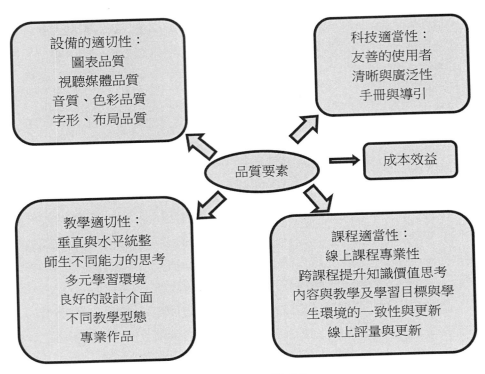

圖 6　課程品質要素

今將圖 6 說明如下：

一、能瞭解課程與教學的需要、成本效益、教學設備與科技的適當性。

二、智慧學校透過科技的使用去評量學生個別的學習成就，並對教學方法與教材提出建議與再設計，因此鼓勵學生進行認知挑戰、激勵學生學習及活動參與。實施內容如表 6，包括：

（一）語文和語言：閱讀、單字、正式演講、期刊、日誌、創新寫作、詩詞、即興演講與說故事等。

（二）邏輯數學：抽象符號與格式、摘要、圖表組織、數字序列、符號、關係、問題解決與夥伴遊戲等。

（三）視覺空間：視覺圖表、心智圖、繪畫、活動影像、形象設計等。

（四）肢體動覺：創新舞蹈、角色扮演、肢體遊戲、戲劇、肢體語言與運動遊戲等。

（五）音樂：聲音、音樂組合與創造、唱歌、環境聲音等。

（六）人際關係：回饋、尊重他人的感覺、合作學習策略、人際溝通、合作技巧、知覺他人動機和團隊計畫等。

（七）內省技巧：後設認知技巧、思考策略、情緒處理、心智練習、認知技巧、高層次推理與實踐等。

　　因為學生擁有不同的學習型態，因此他們需要不同的教材來最佳化他們的學習潛能。

表 6　智慧學校課程內容

多元智慧	思考	愛	需要
語文	字義	讀、寫、說故事、玩文字遊戲	書、影帶、書寫工具、紙、對話、討論、故事
邏輯數學	推理	經驗、質疑、指出邏輯難題、計算	探索與思考事情、科學教材、科學博物館之旅
視覺空間	影像與圖畫	設計、繪畫、視覺藝術	藝術、建築區塊、電影、音響
肢體動覺	體感	跑、跳、碰、接觸、姿勢	角色扮演、移動、運動、戲劇
音樂	節奏與旋律	唱、扭、手舞足蹈、聆聽	唱歌、旅行、聽音樂、演奏樂器
人際關係	與他人理念的互動	領導、組織、關係、中介	朋友、團隊遊戲、社會團體、俱樂部、社群
內省	自我深層思考	設定目標、夢想、計畫	時間運用、自我學習計畫、選擇

智慧學校

綜上可知，數位教學與學習教材可融入多元智慧理念，有效培養學生能力與實現學生潛能，而在數位教材的製作過程應考量科技的使用、教學方法、課程內容的適當性，在教材設計上能吸引學生學習的動機與興趣。

另 Smart School Project Team（1997）亦提出，智慧學校學習學習領域內涵，應包含認知、技能與情意等面向，可歸納如圖 7：

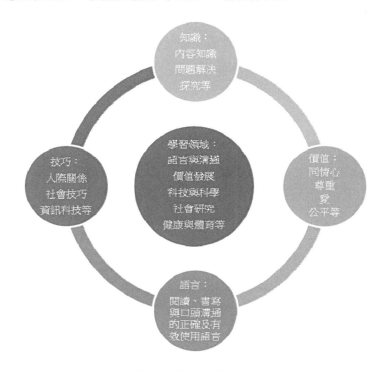

圖 7　學習領域內涵

今將圖 7 說明如下：

一、在知識方面可分為：

（一）內容知識（事實、概念、原理和原則）：具備知識並且知道如何去關心和處理學科知識內容。

（二）問題解決知識：具備知識並且知道如何關心學科問題特徵及解決策略。

（三）認知知識：具備知識並且知道如何關心學科緣由並能加以解釋。

（四）探究知識：具備知識並且知道如何探究學科知識的方法以及建構新的知識。

二、在價值方面可分為：

（一）同情：如慷慨、周到、理解、原諒等。

（二）自我依賴：如責任、獨立行動、自我激勵、自信。

（三）尊敬：尊敬長者、老師、鄰居和領導者；尊重他人的人權；尊重不同社群的信念與習慣、尊敬每一個人都是唯一的；尊敬和欣賞每一個人的知識、經驗和貢獻。

（四）愛：愛環境、國家、和平與和諧。

（五）自由：在民主與法律規範下的自由。

（六）身心健康：環境與自我健康的身體與心靈。

（七）勇氣：有智慧的、捍衛真理與信念、承擔責任。

（八）合作：容忍、分享責任與共同信念。

（九）勤勉：堅定、努力、決定、堅持。

（十）適度：適度的自我重要性的感覺與為他人著想。

（十一）感謝：感恩、感激。

（十二）理性：推理的能力、開放和邏輯的心智、身心健康的發展。

（十三）公共意志：合作以及社會議題的敏感性。

（十四）謙虛：承認自己錯誤、禮貌以及友善。

（十五）誠實：值得信賴、真誠與事實。

（十六）正義：公平與均等。

三、在技巧方面：

（一）個人技巧：解決道德的兩難問題、精神的知覺、自我依賴、適應能力、自我權力與責任的認知、瞭解自我的優勢與劣勢、把握機會、瞭解自己潛能、規劃未來的能力以及領導的

技巧等。

（二）社會技巧：溝通技巧（閱讀、傾聽、說明、書寫、非口頭溝通和創造）、人際關係（與他人關係的建立、認知環境與需要的交互關係、認知預期與結果、尊重他人的權力）。

（三）獲得知識的技巧：知識的搜尋、組織、分析、與綜合。

（四）思考的技巧：批判分析與評鑑、決策、問題解決、創造性思考技巧。

（五）科學技巧：觀察、推論、預測與統整；形成操作型定義、假設以及進行實驗。

（六）一般技巧：家庭管理、安全、休閒、健康、服務、工作等技巧。

（七）環境技巧：理解與詮釋環境議題、與環境和諧互動、運用基礎科學原則、理解與評鑑社會機構。

（八）創造技巧：藝術、戲劇、音樂、文學的技術與欣賞能力。

（九）資訊科技技巧：選擇和使用資訊通訊科技工具的技巧。

四、在語言方面：

（一）統整不同領域的閱讀與書寫內容。

（二）統整不同領域內容的聽說活動。

（三）書面語言的溝通與理解。

（四）從書面脈絡中建構意義。

（五）使用和理解在不同教育與社會情境的語言。

（六）分析議題、任務、聽眾與訊息知識。

（七）理解不同文化的影響。

除上述 Smart School Project Team 所提及智慧學校課程內容外，智慧學校的實施亦必須配合政府課程政策的改革架構，臺灣教育當局（2014）年提出「十二年國民基本教育課程綱要」課程目標（啟發生命潛能、陶養生活知能、促進生涯發展、涵育公民責任）；核心素養（自主行動、溝通互動、社

會參與三大面向，再細分為九大項目：身心素質與自我精進、系統思考與解決問題、規劃執行與創新應變、符號運用與溝通表達、科技資訊與媒體素養、藝術涵養與美感素養、道德實踐與公民意識、人際關係與團隊合作、多元文化與國際理解）；十二年國民基本教育各教育階段（第一學習階段：國民小學一、二年級；第二學習階段：國民小學三、四年級；第三學習階段：國民小學五、六年級；第四學習階段：國民中學七、八、九年級；第五學習階段：高級中學十、十一、十二年級）；以及共同課程之領域課程架構（部定課程：語文、數學、社會、自然科學、藝術、綜合活動、科技、健康與體育；校定課程：彈性學習，包含必修／選修／團體活動）等，應納入智慧學校主要課程內涵。

　　前開內容所示，任何課程教材的實施仍以認知、技能與情意為教育推動的原則。而其實施內容無論就國外論見或國內政策之推動，亦多強調開展學生多元智慧，兼具德、智、體、群、美五育均衡發展的教育目標。因此在將網路、教師與課程教材做最佳連結時，在課程領域的教學上，仍應以能達成上述教學目標為主軸。

第七章　智慧學校的評量

　　學習評量是教學工作的核心，它不但可以反映學生的學習成效，亦同時帶出教師的教學效能。學生學習成就一直是教育界及社會大眾所關心的課題，也是國內外學術界所關注的議題，因它不僅代表一個國家國民的教育成就水平，更是反映出一個國家競爭力的實質指標。評量是檢測教師教學成效與學生學習成果的重要工具，多元評量的實施，則有助於深入瞭解學生在認知、技能與情意三個面向的學習成效。余民寧（2006）認為，學生學習成就可分為廣義與狹義兩部份，其中學生在學校的學習紀錄資料，如作業、各種競賽、行為紀錄、平時測驗、期中考試及期末考試等，均可做為廣義「學習成就」之定義；若從狹義的定義來看，「學習成就」係指各學科之學習成績，或各學科綜合後的平均學習成績。另根據一般資料庫（如 TIMSS、TASA、PISA 等）中所指的「學習成就」則往往包括數學、科學、閱讀等其他學科測驗成績所聚集而成之潛在變項抽象結構；Guay、Ratelle & Chanal（2008）認為，學習成效是判斷學生學習成果的指標，衡量學習成效的目的在改善教師的教學品質與學生的學習成果，並且讓學生瞭解自我的學習情形。

　　學習是一種經由活動或經驗來促使行為產生演進的歷程，學生透過課程與活動參與、師生互動來影響其學習的認知過程（Pike, Kuh, etal, 2011; Pike, Smart & Ethington, 2012）；Stingher（2014）提到，掌控學習的歷程，乃一種深度學習的傾向，主要在讓個人對自己學習的方式、時間管理與環境的安排有較佳的規劃。歐盟（European Communities, 2007）也談到，不論是單獨或在團體中，個人持續堅持學習、規劃學習的能力，包含時間與訊息的有效管

理。評量也是一種學習者中心：它是一種彈性的評量系統，以學習者個人本位來實踐。當學生準備好即可接受評量，評量結果被具體紀錄並做成報告。

教育要評量學生的學習成效，必須先對與學習的能力加以界定，並根據所界定之學習能力來發展評量，以瞭解與改進學生在學習方面的發展狀況。

一、學習評量的意涵

學習評量是有系統的過程，以正式或非正式的方法獲取學生學習的資訊，用以確認教學目標，以及評斷這些目標達成的程度（Linn & Gronlund, 2000）。Danielson 與 Abrutyn（1997）也指出，評量的課題賦予課程成效與生命力，惟有明確說明學生該做的事，以及他們能做得多好，方能提升學生學習的意義。學習評量之於教師就如同診斷之於醫師，醫師若缺乏能力診斷就無法開列處方加以治療；教師若無能力進行學習評量，就無能力設計課程與實施教學（黃淑苓，2002）。李坤崇（2006）認為，學習評量即教師將所得資訊加以選擇、組織並予以解釋，以協助學生作決定與價值判斷之依據；張春興（2007）指出，學習評量係指有系統地蒐集學生學習行為的相關資料並加以分析，以作為教學目標與價值判斷的依據；紀雅真（2007）亦提及，學習評量是指教師在教學歷程中，持續蒐集學生學習資料，予以選擇、分析與組織之後，據以對學生學習成果作價值判斷。

張麗麗（2002）認為，學習評量應含括五項特質：（一）評量能力的多元：包含認知、技能與情意等；（二）評量方式的多元：包含紙筆、實作與觀察等；（三）評量情境的多元：如模擬與真實、結構與非結構等；（四）評量是蒐集與綜合資料的歷程；（五）評量是結果的解釋以及作為教學的有關決定。

歐滄和（2006）亦提出，學習評量具有以下特徵：（一）藉以改進學生學習行為與目的；（二）由任課教師主導；（三）與學科及班級文化配合；（四）形成性評量重於總結性評量；（五）提供豐富回饋，增進教學相長。

60

　　郭生玉（2004）指出，學習評量對教師與學生皆具有正面功能，其中對教師有三種回饋功能：瞭解學生起點行為、瞭解自身教學效果以及瞭解學生學習困難；對學生亦有三種功能：瞭解教學目標、激發學習動機以及增進自我瞭解。

　　沈瑞婷〈2010〉在評估網路學習課程規劃的研究中指出，學習評量可以學生的自我成長、人際能力、專業知識以及教學應用四個面向加以評估。自我成長指的是學生透過課程活動提升信心、分析能力、批判思考、創新能力等內心活動改變的歷程。人際能力指的是學生可以學習到如何與他人相處，提高自身的溝通協調能力、與他人團隊合作以及建立良好的夥伴關係。專業知識指學生可以從課程教學中獲得的知識並且學得的程度。教學應用則指學生可以運用所學、知行合一的程度，包括資料蒐集的能力、作品製作等能力。

　　Gullickson（2000）談到，評量是教育計畫的重要因素，也是教學成效的重要評定工具；Linn 與 Gronlund（2000）指出，學習評量為教學歷程的重要因素，具有引導與總結的功能；Linn 與 Miller（2005）則強調，評量結果能提供學生學習狀態，並據以作為提升教育品質相關的訊息。

　　綜上論述，教師教學效能與學生學習成效有賴學習評量的實施來加以檢證，其內涵應含括認知、技能與情意三個面向的多元能力；而學習評量的實踐則應採多元方式，旨在蒐集學生學習過程中的各項學習資訊，加以分析、統整、歸納並作出判斷，藉以精進教學與學習成效之依據。

二、學習評量的設計

　　在學習評量的設計上，國內外有著不同的詮釋與看法，分別敘述如下。

　　芬蘭教育部與赫爾辛基大學於 2002 年提出學習力評量的架構，將學習力定義為「適應新任務的能力與意願，透過學習行動中的認知與情意自我調整，活化個人對思考與樂觀的堅持。」（Hautamäki et al., 2002）。上述定義提

出 3 項核心觀點，亦即適應觀點、使用思考與動機和情意的激發及抑制之平衡。張郁雯（2016）統整 Hautamäki 等人（2002）及 Hautamäki 與 Kupiainen（2014），呈現芬蘭的學習力模式與評量，如表 7。

表 7　芬蘭的學習力模式與評量

面向	子項目		評量內涵
認知技能與能力	學習範疇		語文論證理解 數量關係理解 文化知識
	推理範疇		邏輯推理 反思抽象化 整合性作業（問題解決）
	學習管理		讀書技能（自陳）
	情意的自我調整		復原力（resilience）
	社會技能		人際技能（自陳）
情意技能與能力	自我相關信念	學習動機	目標導向 控制動機（瞭解成敗之原因）
		接受任務	情境式直接測量之自我效能（學業成就、學習）
		行動控制信念	歸因 行動信念（自己是否具能力與努力） 控制預期
		學業自我	學業自我概念
		自我評價	自尊 社會自我概念

脈絡相關信念	知覺的教育價值	教育價值 反思價值 道德價值
	知覺的學習支持	父母、教師、同儕
	知覺的訊息取得的機會	電腦、網路、圖書館、圖書之知識與運用

　　西班牙當前所發展的學習力評量，主要著重後設認知之評量，包含下述四個分量表：（一）後設理解：能偵測文字說明、故事是否不一致或矛盾。（二）自我知識評量：能評估自己知道或不知道。請受試者評估其答對後設理解試題以及問題解決監控試題的信心度。（三）問題解決監控：檢查解答的可行性。（四）學習策略覺知：根據問題解決監控的題目，瞭解受試者如何得到答案（Moreno & Martin, 2014）。

　　The European Network of Policy Makers for the Evaluation of Education Systems 發展出 3 大類 10 個向度的評量架構（Fredriksson, 2015），說明如下：（一）情意向度：學習動機、學習策略、改變取向；學業自我概念與自尊；學習環境。（二）思考技能與策略向度：辨識命題；使用規則；測試規則與命題；使用心理工具。（三）後設認知向度：問題解決監控；後設認知正確性；後設認知信心度。

　　臺灣教育當局（2014）在「十二年國民基本教育課程綱要」中提到，為了解學生的學習過程與成效，應使用多元的學習評量方式，並依據學習評量的結果，提供不同需求的學習輔導，學習評量實施應把握以下原則：

　　一、學習評量依據各該主管機關訂定之學習評量準則及相關補充規定辦理。

　　二、學習評量應兼顧形成性評量、總結性評量，並可視學生實際需要，實施診斷性評量、安置性評量或學生轉銜評估。

三、教師應依據學習評量需求自行設計學習評量工具。評量的內容應考量學生身心發展、個別差異、文化差異及核心素養內涵，並兼顧認知、技能、情意等不同層面的學習表現。

四、為因應特殊類型教育學生之個別需求，學校與教師應提供適當之評量調整措施。

五、學習評量方式應依學科及活動之性質，採用紙筆測驗、實作評量、檔案評量等多元形式，並應避免偏重紙筆測驗。

六、學習評量報告應提供量化數據與質性描述，協助學生與家長了解學習情形。質性描述可包括學生學習目標的達成情形、學習的優勢、課內外活動的參與情形、學習動機與態度等。

曾淑惠（2015）針對翻轉教學的學習評量提出以下原則：（一）加強對學科知識、教學與評量技巧的精熟；（二）確認需要進行翻轉教學的單元與目標；（三）在教學計畫中細緻地規劃教材、教法與評量的內容及實施策略；（四）所欲評量的能力調整為較高層次的能力；（五）為確認是否達成教學目標規劃學習評量。

Bezdolny（2017）認為，智慧學校的評量應包括自我評量與多元評量，評量不僅是在瞭解學生學習成就，也評量學生的問題解決能力、團隊工作以及有效的溝通與合作等。智慧學校的評量系統與傳統評量有很大的不同，智慧學校評量系統的特色包括：整全性的、事件本位的、標準參照、學習者中心、重視價值形式、多元方法與工具、持續實施。

Smart School Project Team（1997）認為，智慧學校希望達成以下效益，分別說明如下：（一）智慧學校評量系統重視整全性系統評量，評量內容包括：1.先備知識：學習者在不同領域有不同的學習經驗需要去評量。2.學習進度：學生課程學習進度須予以監控，進行學習優勢與劣勢的診斷。3.學習成就：評量學生在每一個學習領域的學習成就，並瞭解是否為下個領域的學習做好準備。4.學習能力：認同學習者的不同學習型態與多元智慧。（二）

智慧學校評量系統重視事件本位內容包括：1. 溝通：闡述理念的能力。2. 社會情緒發展：團體中共同合作的能力。3. 認知發展：評估數量的能力。4. 科學與科技：形成假設的能力。

　　綜合上述論述可知，學生學習力的評量模式各國重點不同，但認知、技能與情意是共同的取向。傳統學習評量以學科學習成果為主，較少注意到未來能力與信念的評量，隨著時代變遷，學生所需具備的能力亦逐漸在轉化，因此透過各課程落實核心素養之培養，並施以有效的學習力評量工具是不可或缺的。

　　智慧學校評量系統與現有系統有所不同，希望為學生學習成效提供更完整與正確的圖像，老師、學生與家長均能參與線上評量，此評量系統對學習者是友善的和彈性的，透過多元策略與工具以確保評量資訊的品質。數位學習評量的設計，採多元評量方式，兼顧診斷性評量、形成性評量、總結性評量與安置性評量。學習評量應能給予學生的準備、進度、成就、態度及教學與學習教材提供正確的回饋。數位學習評量項目將被儲存在電腦，透過網路端由使用者取得。科技的統整是促進線上評量的工具並促進線上評量的氣氛，它能提供每一個學生的需要。當評量項目、網路、教師、學生、評量人員都準備就緒即可進行評量。

三、評量與教育目標的結合

　　智慧學校強調教學與學習的革新，從專業知識的傳遞到希望學生藉由提問、閱讀、探索、形成與考驗假設來建構知識，透過學習來成就實踐的技能（Kirschner & Davis, 2003）。換言之，學生的學習將由以記憶為基礎的設計，轉向激發學生思考、關懷、創造與革新的學習設計，逐步走入自我導向、合作、反省與依自我學習速度進行學習的學習模式，而教材來源除了紙本的知識外，多媒體的數位教材與資源都將成為課程內容（Halim, Zain, Luan, & Atan, 2005）。而此以學生為中心，因應不同學生特性所設計的學習型態，其目的

在成就學生獲得基本的能力以及獲得全人的發展（Sharif & San, 2001）。

Bahngian Teknologi Pendidikan Kementerian Pelajaran Malaysia（無日期）亦談到，智慧學校在發展新世紀所需具備的技能，包含：（一）科技與媒體素養；（二）學習與創新的技巧，如創新能力、批判思考、問題解決、溝通與合作；（三）生活與生涯技能。

智慧學校的學習評量，依照教學模式與課程教材內容來加以設計。學習評量系統是標準參照測驗，以先前訂下標準為基礎來評量個別學生的表現。這樣的基礎是建構在量化的層面，因此需要建立教育的標準，此教育標準的執行，由先前設定的教育指標來決定（Smart School Project Team, 1997）。它包括：

一、國家的標準：國家標準係指品質因素的特質與程度，學生必須去學得此種品質因素。

二、國家績效指標：國家績效指標係指事件的特色與型態，去觀察學生在精熟這些指標後能否做出判斷，這些評量發展要素，奠基於標準的設定。評量透過網路虛擬形式實施，包括班級評量、校本評量以及其他足以顯示學生優點、能力與知識的多元評量模式，如圖 8。

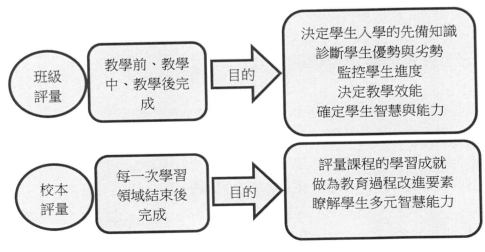

圖 8　評量與目的的連結

　　除上述評量的運作外，智慧學校評量系統亦採取多元適切的評量工具，去執行真實性、另類績效評量，這些評量方式與學生教學過程相連結，如圖9。

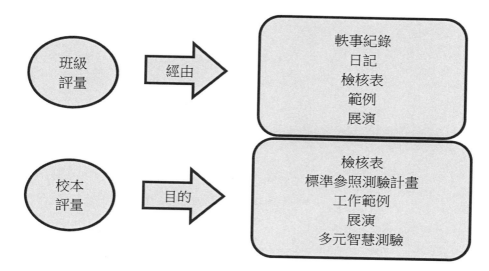

圖 9　評量與教學過程的連結

　　智慧學校學習評量將涵蓋上述班級評量與學校評量兩個部分，班級評量主要以智慧學校實驗班級作為評量對象，其評量結果再與學校其他班級之評量成效進行比較，瞭解智慧學校教學成效之執行情形；另在評量方式上則參採多元方式，如線上測驗、觀察及教學日誌等方式進行，兼顧質性與量化資料整體評估學生學習成效；而評量的結果應回應學校與國家教育目標與教育績效指標。

第八章　智慧學校的行政管理

　　行政是教學的後勤支援，有效能的行政管理能提升課程與教學成效。在學政管理方面，國內、外文獻均有所著墨：

　　陳木金、楊念湘（2008）分析學校推動優質行政管理的方案，發現如能掌握優質學校行政管理四大向度：知識管理、e 化管理、品質管理及績效管理的內涵，進行規劃、執行、評估及省思，透過推動優質學校行政管理的四大向度的指標策略，可協助學校發展出一套優質學校之經營系統知識；林進山（2016）指出，學校行政的創新經營，可透過「智慧行政」建構校務行政模組系統；「智慧管理」建立智慧資源管理系統；「智慧社群」應用「雲端產學聯盟」的「產學合作方案」，以發展行政創新經營，再創優質學校。

　　Smart School Project Team（1997）談到，智慧學校管理著重效能與效率，對資源有效管理以支持教學與學習，其範圍包括學校管理（溝通、決策、課程管理、社區投入）、學生事務（學生檔案、績效評鑑、諮商、健康）、教育資源（資源資料庫、管理、課程輸入、發展）、學校外部資源（資料庫管理、外部資源的聯繫）、財政（預算報告、會計、採購、計畫預算、長期規劃、審計與控制）、設施（設施的規劃與維持、財產管理、多元使用）、人力資源（教師計畫、人力資源技巧管理、聘用、轉型或過渡管理、職業管理、成員訓練管理）、安全（物理設施的安全、資訊科技的安全、學生安全）與科技（長期計畫、系統運作、系統維持、訓練、場域的支持管理）。智慧學校管理的首要目的，即在有效管理資源與流程充分支援教學與學習。管理要重新分配人力資源於更有價值的活動上、在長時期的運作中節

省成本、透過資訊的取得改善決定的品質並能快速做成決定。

　　Smart School Project Team（1997）進一步提出，為實現目標，智慧學校的管理需要堅強又具專業的行政人員和老師，他們能清楚地去建構學校目標、領導教學並獲得家長與社區的支持。這需要採取開放的溝通態度，在資源的分配上力求公平、執行成效的追蹤以及建構優質環境以利學生學習。另維持教育人員快樂、動機與高執行效能與效率、維持安全的校園環境等是管理的重要工作。

一、行政管理事務

　　American Association of School Administrators（2001）在學校領導挑戰（The School Leadership Challenge）一文中提到，學校領導者在發展學校層級的政策與實務的領導上需重視家長與社區的投入以及夥伴關係的管理，以促進學校的改革與提昇學生的學習。

　　ICT IRELAND（無日期）談到，智慧學校的管理過程中，教育夥伴間的分享、承諾是成功的重要因素，其中包含個別教師、學校管理者、教師團體與行政團隊。Grzybowski（2013）談到，教育機構管理者的角色，在為數位學習環境創造與維持一個充分、適當與有效的 ICT 系統與環境。為實踐智慧學校目標，智慧學校的管理需要堅強又具專業的行政人員和老師，他們能清楚地建構學校目標、領導教學並獲得家長與社區的支持。

　　作者綜合 El-Halawany 與 Huwail（2008）、Hanan 與 Enas（2008）、Smart School Project Team（1997）等之見解，智慧學校的行政與管理應包含以下內涵，茲分別說明如下：

（一）學校管理

　　學校管理的特徵包含堅實與專業的行政人員與教師、學校目標的清楚架構、教學領導、高程度的家長與社區支持及投入、維持開放溝通的管道、資

源的分配有利於大多數的學生、追蹤財政資源運用的績效、提供安全、乾淨、良好的學習氣氛、發展和維持快樂與高動機的學校成員、確保安全的學校環境、使用和管理科技的適切性、將相關資訊充分且快速的授權所有教育關鍵人員、課程管理適合於當地的教學與學習環境。希望達到以下效益：人力資源與技巧更有效的重新分配、節省成本、透過較佳的資訊改進決策的品質、改進決策的速度、較佳的學校與社區關係、重大計畫能即時提供家長回饋、根據學生需要裁製、提供即時相關的資訊、學生能使用環境來學習、更有效的教學與學習。

（二）學生事務

學生事務主要特徵包括所有學生資料的記載、儲存、提取和報告、網站的彈性註冊過程、學生參與管理的能力，其預期效益希望達成學生能於線上取得所需的資料，以及學生、家長與行政人員能容易進行線上註冊。

（三）教育資源

教育資源主要特徵包括教師和學生能快速並且容易取得資源資料庫、以電子形式傳遞與分配的能力、管理課程軟體的能力、取得國家與國際研究資料庫的能力。其預期效益希望達成降低管理資源與資訊的成本，能將教學教材即時傳遞給教師與學生、透過與課程連結改善資源管理、讓學校資源的創新更加容易。

（四）外部資源

資料庫的設計有助於索引外部資源的使用，以利教學與學習及管理活動，提供並管理資源提升網路虛擬的使用，協助教師與校長及相關人員更有效的使用外部資源以提升學習與訓練的興趣。

（五）財政管理

財政管理旨在掌控每一天和長期的財政事務，主要特徵包括根據系統自動產出一般財政報表、會計系統介面的設計涵蓋各預算項目、有效和彈性的次級系統、有效的支付管理系統、長期追蹤財政能力、年度預算與長期預算的規畫。其預期效益希望達成降低預算規劃所需時間、有效的處理設備、改善財政的控制、更有效的監控機制。

（六）設施管理

設施管理旨在投入維持與管理學校設施的實用性，主要特徵包括財產管理系統資料庫的建置、有能力去管理學校設施的使用方式、學校設施的有效管理。其預期效益希望達成改善財產管理效益降低成本、從學校設施的有效使用增加學校收入、學校設施的時序安排有利於設施的運作。

（七）人力資源管理

科技的革新改變了個人與組織的生活型態，加速了人與人、組織與組織間的互動與交流。教育人員應擁有使用與理解新科技的能力，透過通訊科技與網路的連結迅速與他人溝通，並有效的進行資訊、知識的取得、傳播與分享。人力資源管理旨在掌控組織以及教師與行政人員等學校成員的發展，主要特徵包括人力資源資訊系統的建置、統整人力資源功能的所有面向（雇用、訓練、差假、升遷等）、管理校內老師行程與活動以及校際間成員互動與資訊的取得。其預期效益更有效做好教師及職員的工作安排、教師更能知覺所處環境及被期望的角色、管理人員能知覺其所掌控的資源、改善人力資源管理功能、有快樂的成員才有快樂的學生。

（八）安全管理

安全管理旨在維護學生與學校設施安全的責任，主要特徵包括設施的友

善使用以及環境與資訊科技的安全、為不同年齡與特殊需要學生設置的安全性設施、資料取得的限制與安全。其預期效益希望達成改善環境設施的安全、改進學生在校的安全、確保資料安全。

（九）科技管理

科技管理旨在科技執行維持與管理的有效性，主要特徵包括網路資料庫軟硬體資源的管理、學校發展資訊科技能力的長期規劃。其預期效益希望達成更有效的政策發展與管理、更有效的科技支持能力、資訊科技功能的所有面向能兼具成本效能以及效率的有效管理。

為建構數位化學生生活目的，智慧學校行政與管理主要著重在科技、環境與資源三個面向。在科技部分，除了硬體設施的設置，還需要軟體配件的充實以及相關資料庫的建置，此外資訊科技使用的安全與責任亦是科技管理的重要選項；在環境方面，則在提供學生安全與優質的學習氣氛和學習環境；在資源管理方面，首先在人力資源上，著重於學校成員能力、角色與功能，經由有效的人力配置措施，並能充分使用與個人工作有關的資料庫，發揮個人的最大效能。此外，強化與家長及社區的互動，適當引進外部人力資源，成為學校堅實的教育夥伴。在財政資源方面，則在有效進行財政的規劃、執行與成效檢核，並適時引進學校外部資源，健全學校財政結構。學校應逐步協助完成上述各項管理內涵，達成智慧學校數位生活的目標。

二、過程與環境的管理

智慧學校的實踐有賴於數位學習環境的建構。ICT IRELAND（無日期）認為數位環境的建置應包含以下要素：（一）具備高標準與可靠的資訊科技設備；（二）提供豐富的數位教學內容，鼓勵學生勇於接受學習挑戰，支持學生取得全球性的資源，以及有利的工具進行研究，這包括資訊的處理、溝通與產出；（三）支持教師設計、管理及採取以學生為中心的學習活

動，有效的陳述課程目標，以及提供合作學習的機會；（四）促成更多個人
化的學習活動；（五）進行教師同儕與學生同儕分享、討論數位學習的內
容；（六）促成不同學校、教師、學生的接觸與合作，甚至跨越學校與企業
彼此間的接觸與合作；（七）提升學生進行國際社會與文化交流的機會；
（八）引導教師具備與時俱進的資訊科技素養，持續進行專業發展；（九）
協助家長支持學生進行數位學習，並且能與學校進行線上溝通。

由上述 ICT IRELAND 之見解可知，資源的挹注、過程的運作是兩個主
要選項。作者以為智慧學校的運作是一個完整的系統，包括輸入、過程與產
出（如圖 10）。為成就智慧學校的教育目標，就須確保執行的內部過程是和
諧的，因此系統本身必須有良好的設計，提供適當的輸入才能有預期的產出
（如圖 10）。智慧學校提供重新評鑑現有學校系統的機會，透過科技去確認
問題並發現解決的策略。

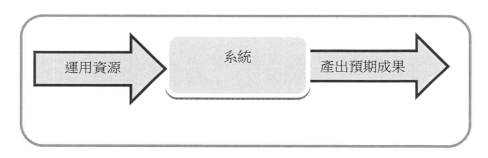

圖 10　系統 IPO 模式

作者綜合 El-Halawany 與 Huwail（2008）、Ghavifekr、Hussin 與 Ghani
（2011）、Hanan 與 Enas（2008）、ICT IRELAND（無日期）、Smart School
Project Team（1997）對於智慧學校論述之見解，帶入上述 IPO 系統，建構
智慧學校系統因素如下：主要輸入資源是人力資源、物理資源與財政資源，
包括學生、老師、科技與工具、行政人員、專業課程、財政、管理與功能的
管制；系統的過程是透過一系列的次級流程，包含領導管理、社區關係、學
校文化、教學活動等，主要在確認在地教學計劃、選擇和組織教學與學習教

材、瞭解學生程度與經驗並擬定計畫、做好班級管理；而預期成果則是評量學習成就、是否達成教育目標與預期效益，並提供教育機關與學校回饋之依據。

智慧學校提供學校去重新評鑑現有的學校系統。首先，計畫團隊應確認在今日學校教育的人、技巧、責任、政策、實踐、科技、工具與教材，以及當前的問題與挑戰，並透過適當的計畫、發展策略與科技來克服這些挑戰。

以學生入學程度的改革而言，在現在的學校系統，學生被安置在班級中，較少去瞭解學生的需要與能力，學生個人的學習型態、優勢與劣勢甚少受到重視。在智慧學校，學生的需要、能力與學習型態，會進行早期的診斷，教師根據診斷結果去計劃學生的學習經驗與教學策略，對學生而言，學習是快樂的，學生身、心、靈可以得到充分的發展。

在建構智慧學校過程可運用上述 IPO（input、process、outcome）模式，充分掌控輸入、過程與結果的各項要件，掌握智慧學校建構的品質。

三、人、技術與責任的管理

科技的革新改變了個人與組織的生活型態，加速了人與人、組織與組織間的互動與交流。具全球化思維的未來領導者應擁有使用與理解新科技的能力，透過通訊科技與網路的連結迅速與他人溝通，並有效的進行資訊、知識的取得、傳播與分享（蔡金田，2009）。科技是智慧學校成功不可或缺的因素（Ramasamy, Chakrabartya, & Cheahb, 2003），科技為教師、學生、家長與社區搭起橋樑，營造出優質的學習環境，讓學習者學習順暢並且獲得專業能力（Smith, 2001）。資訊科技基礎設施是智慧學校的必要要件，而教育人員科技能力的養成與運用，則必須經由專業的訓練與發展方能成其功。

教師效能對學生學業成就的影響力，遠遠大於班級規模以及學校效能；高效能之教師能提升學生學習的成功（Brewer, 1993; Mortimor, 1993; Mortimor, 1993; Sammons, Pam, Josh & Mortimor, 1995; Taylor, Barbara, David,

Kathlrrn& Sharon, 2000），其中教師對學生學習成就之影響則更為顯著
（Rockoff, 2004）。對智慧學校而言，教師的專業發展是相當重要的，因為
他們是智慧學校教學的首要傳遞者，正如 Day（1999）談到，教師不僅要藉
由職前教育及在職專業發展來達成教育目標，更應透過終身學習來維持與改
進對教育的貢獻。網奕資訊（2018）認為，智慧教師（Smarter Teacher）的
養成，其重點不只在於軟硬體的系統功能操作訓練，更重要的是科技融入老
師們的教學策略中，發展出科技創新教學模式，在課堂上經常可以展現科技
感動時刻（Technology Moment），讓課堂變成智慧課堂（Smarter Lecture）。

英國教育領導學院（National College for School Leadership ,NCSL,
2001）在二十一世紀學校領導校長任務的報告書「為學生學習的領導：校長
的再造」中談到，為明日挑戰的校長培育，二十一世紀將需要一位全新的校
長，扮演社群領導的角色，擴大學校角色的大型圖像，包括與教育工作者、
社區家長及居民分享領導等。

Broome 與 Hughes（2004）提出，未來領導者應扮演科技的角色以促使
組織的發展與實踐；Barrett 與 Besson（2002）未來領導者應扮演網路關係的
建構者；經濟合作與發展組織（Organisation for Economic Co-operation and
Development, OECD, 2005）提出，未來領導者應能使用新的科技進行學習。

Lam（2001）在〈平衡變遷與穩定——香港校長專業能力之培育與發展
的運用〉一文中指出，因應當前的教育變革，校長應扮演授權與增能給教師
的領導角色，以維續校園穩定與持續發展；Hallinger（2001）歸納美國、澳
洲、紐西蘭、英國等國家校長培訓與必備能力中，提出校長應具有分享決策
權責、創造高效能管理團隊的能力。

Nadler（1984）認為，訓練是一個過程，而明確的訓練計畫與目標有助
於人力資源的發展；Broad 與 Newstrom（1992）提到，訓練的成效應能轉
化到個人工作的場域，個人應從訓練所獲得的知識運用於未來的工作，進行
持續的專業發展。Cascio（2003）、Noe（2002）亦強調，個人應將從訓練中
所獲得有用的知識、技術與行為轉化到工作環境；Karakowsky（1999）、

Wills（1993）均指出，對於將訓練所獲得的知識轉移到工作場域持正向觀點，因為他將產生高度的績效改革效應；但 Bassi 與 Van Buren（1998）、Merriam 與 Leahly（2005）均分析指出，個人將從訓練中所獲得有用的知識、技術與行為轉化到工作環境只能產生 10% 的績效改革。Lee（2007）研究發現，智慧學校持續專業發展系統的建立，能成功的影響教師的教學覺知。因此，有效的專業訓練與發展是提升人力資本的重要路徑之一，而專業訓練成果，如何運用於教育現場仍有努力空間。

由上可知，執行智慧學校的教育人員需要專業的技術與基礎知識，方能有效扮演執行的角色，這些重要關鍵人包括教師、校長、行政人員、家長與社區等。智慧學校運作過程中，如何統整所有人員的態度以達成預期的產出是重要的課題。因此對於不同學生給予個別的關注，必須賦予教師、校長、行政人員與家長等新的角色與責任。事實上這些人員的角色與責任需要採取專業的訓練，每一位關鍵人物都應具備專業的知識、技巧與態度。茲說明如下：

（一）教師

教師必須密集訓練使用資訊科技，並且具有課程統整到資訊科技來提升思考與創新的能力；智慧學校教師也必須去學習如何促進和鼓勵學生強化學習的責任。因此，教師必須持續專業發展及保有使用資訊科技的信心。教師的職前與在職專業發展計畫應強調教師的品質與實踐，使其在資訊科技環境中提升教學功能。

（二）教師的角色與責任

教師的角色與責任包括計畫和準備學習活動、管理科技豐富學習環境、傳遞有效教學與掌控專業任務。

(三) 教師所需技巧與知識

教師所需技巧與知識包括設計教學、評量學生學習、班級管理、建立尊重與支持的環境、促進學生認知活動、運用科技進行有效教學、同僚與社區的溝通、選擇使用有效的資源。

(四) 校長

校長管理的任務在資訊化工作內涵並建構共同合作的理念。透過科技的使用達成提升管理的效能與效率是重要的工作，因此校長需進行密集的訓練去有效管理新的設施、科技及方法。

(五) 校長的角色與責任

校長的角色與責任包括看到學生、家長與國家需要達成教育目標；運用資訊科技於行政管理策略與領導；發展學校成員使用資訊科技、教學管理和電腦輔助教學；持續和老師討論在資訊科技時代教學策略的改變。

(六) 校長需要的技巧與知識

在智慧學校中，校長需要的知識與技巧包括，運用和轉換管理理論到實務場域；自我導向、動機、管理、領導、革新、創造、建立團隊與合作技巧；使用相關科技到學校管理的能力、提供教學領導的能力。

(七) 成員的支持

新的教育過程以及先進的資訊科技對於學校成員將會產生新的挑戰，它將引導一種新的工作模式，因此學校成員必須去學習新的工作方式。

(八) 媒體與科技的協調者

協調者必須支持教師與校長在多媒體與科技的建置。協調者是有經驗的

老師，他們知道如何將科技的使用最佳化——資訊的蒐集、教學、管理與溝通；他們也必須協助校長在科技軟體的管理以及協助教師和職員在資訊科技的升級與運用。

（九）學校職員

學校成員必須充分擁有資訊科技的技巧，並能透過資訊科技做有效溝通及執行他們的工作；此外他們也需要去瞭解新的教育過程，給予智慧學校理念充分的支持。

（十）成員的角色與責任

成員的角色與責任包括維持學生與成員的紀錄、學校財政、學校溝通與庫存；管理學生與成員的福祉。

（十一）成員的技巧與知識

成員的技巧與知識包括基礎的資訊科技技術；文書處理與運用、電腦軟體管理。

（十二）家長

家長在協助智慧學校推動過程扮演主要的角色，他們為學生提供個別的教育經驗。一般而言，當家長投入孩子的學習，學生會有較佳的表現。這個任務將超越監控的過程，而是引導、激勵動機與諮詢的角色。家長必須熟悉新的教育過程，並且有意願去協助發展教學、學習與評量的教材，並能取得學校公共資料庫的能力。

四、不同科技層級的連結

在成就健全的個人與社群過程中，擁有合作的夥伴關係是重要的因素，

因為唯有透過夥伴間的共識與承諾方能追求個人與團隊間的共同利益，而智慧學校的實踐有賴於學校、社區與國家三個層級，彼此的聯繫與交互作用。Goldsmith（2005）曾談到，建立夥伴關係與聯盟是未來領導發展的重要理念；Barrett & Besson（2002）亦提出，籌組組織的團隊是未來領導者所應具備之能力；經濟合作與發展組織（OECD, 2005）提出，外來領導者應能將個人工作置於廣大的社群脈絡，平衡專業並擱置利益；Goldsmith（2005）提出，夥伴關係的建立可分為內部夥伴關係（長官、同事與部屬）及外部夥伴關係（顧客、供應商與競爭者），是組織迎向成功的重要利器；夥伴關係的建立主要是經由成員的多元性來獲得各種利基，包括：一、促成資源的取得與共享；二、有機會學得新的技巧與能力；三、知識的分享與創新；四、能結合社群的能力因應快速變遷的環境。

在教育競爭的過程中，教育市場中的各級學校不只是只有競爭，也不僅是合作，更不是競爭與合作交替出現，而是競爭與合作同時出現，因此過去所強調的競爭優勢已逐漸由合作優勢所取代（黃強倪，2002）。學校領導者在此學校內外環境驟變的時代，更應連結學校、企業、國家、社區等學校內外在資源，將不同種類的服務機構做網狀的結合，成為周延而完善的教育資源網，以提升學校整體競爭力（蔡金田，2005）。

Tikhomirov（2012）提及，訓練人員去使用網路等資訊科技，無論在社會、經濟、教育等面向都能提升品質，獲得更大的效益。智慧學校的誕生即是在此數位經濟趨勢下的產物，經由資訊科技設施的建構進行數位學校的建置，正如 Ghavifekr、Hussin 與 Ghani（2011）曾談到，科技的運用是促進教學與學習的引擎。在發展教育內容時，科技是最有價值的工具之一，發展專業的學科內容應兼顧即時性及有效性，因此教育工作者需要建構線上學習社群、發展線上社群內容以及分享社群理念與經驗。

智慧學校在教學與學習、管理以及與外部機構的溝通，有賴科技的設施與策略的運用。科技本身無法創造一所智慧學校，科技主要在改進教學與學習策略、管理與行政流程，以及為教育人員能力提供較佳的訓練。資訊科技

能轉換傳統學校教育進入智慧學校教育，智慧學校的建構有賴於先進的資訊科技，甚至從學校、社區到國家層級，說明如下：

（一）學校層級的科技

資訊科技在智慧學校扮演多重角色，從促進教學與學習活動到協助學校管理。Gnedkova 與 Lyakutin（2011）提到，智慧學校資訊科技的設計，需兼具學生之間以及學生與老師之間有效的溝通與合作；Ravenscroft（2011）也談到，智慧學校應透過現代科技網路的服務提供有效的溝通與學習。

智慧學校應具備的完整設施，包括班級擁有多媒體課程、發表的設備以及共同合作的設施；圖書館（室）或多媒體中心擁有多媒體課程資料庫和可取得的網路資源；為教學設置的電腦實驗室，如電腦研究課程、多媒體與視訊設備；多媒體發展中心具有迎合不同階段與不同需要的多媒體教材發展工具；中央控制媒體與視訊中心，作為多媒體與數位教材的檢視、掌控執行管理資料庫、提供安全溝通科技界面以及網路資源的取得；教師研究室能線上取得課程、資料庫、資訊、資源管理系統與專業網路工具如 e-mail 等；行政人員具有管理學生資料與學校設施的能力，能追蹤學生與老師的表現與資源的使用，並提醒他們有關資訊的選取。

科技有助於學生與教師取得外部資源，如大學、企業、博物館、教育主管機關，相對的，外部社群亦能從校外管道與學生及學校課程取得連結；家長亦能監控孩子在學校的學習計畫；社區與家長亦能將學校視為終身學習的中心。

（二）社區層級的科技

學校與社區須維持一個安全的網路，俾利學校與社區以及教育當局的溝通聯繫。社區本身也需要維持延伸一個不同形式資訊的資料庫，如學生評量的紀錄和教師的績效表現、資歷資源資料、管理資訊、財政、安全以及教育資源等。

（三）國家層級的科技

　　國家層級的科技必須與學校層級與社區層級結合，並擁有開放與安全的網路系統，允許教育資源的取得、促進機構間的合作以及溝通的開放管道，重要資訊的控制流通等。為達到地方當局、學區教育、智慧學校與國際教育連結，高效率的資訊通訊基礎設施是必要的。

　　在科技推動部分，智慧學校推動層級以學校層級為為圓心，逐步向外擴散，結合社區、國家甚至海外層級，逐步建立校際、學校與社區、學校與國家以及與海外教育機構的策略聯盟，進行校內外教學資源的整合、分享與運用，延伸學校教育人員與學生的學習視野，建構豐富而多元化的學習環境。

五、政策的執行

　　確保智慧學校能成功的執行政策與規範的變革，以產生新的政策與規範是重要的課題。Smart School Department（2005）談到智慧學校的政策應包含五項目標：（一）提供學生智慧與身、心、靈的全人發展；（二）提供並提升學生個人優勢與能力的機會；（三）學生擁有科技素養與工作力的思維；（四）民主式的教育；（五）增加教育關係人參與教育相關政策。Sufean（2002）在談到智慧學校的政策執行時，強調政策不僅是在達成目標，而且應符合大多數人的利益，非只是少數團體。雖然利益有時並非具體可見，但必須是可評估的。政策的評估可以瞭解政策執行的效能與效率，以及是否符合大多數團體的利益，並可作為決策者日後執行政策的參考，而評估工作一般在政策執行數年後實施。.

　　智慧學校政策的成功是一個複雜的過程，需要去改變現存的政策、流程與實務，作者歸納 Attaran 與 Saedah（2010）、Ghavifekr、Hussin 與 Ghani（2011）、Smart School Project Team（1997）之論點，認為在政策執行上，應包括教學與學習過程、評量、教材選擇、溝通與公共關係、管理功能以及

人、技術、責任和科技，今說明如下：

一、教學與學習過程：如何依學生本身的能力，進行學習來掌控學習的進程？如何採取不同的學習方式？

二、評量：如採取多元評量的方式，廣泛有效的評量學生的學習成效，包括線上評量。

三、教材的選擇：選擇適當的教學與學習教材，如改變教學與學習教材的選擇流程，以確保能選取最適合智慧學校的教材。

四、管理的功能：管理學生事務、教育資源、外部資源、財政、設施、人力資源、安全與科技等，如何智慧的、正確的以及適當的管理智慧學校系統？學校資訊的編輯？能否有效取得這些資訊？教師教學教材的產出？

五、溝通與公共關係：如何快速有效的從重要關鍵人獲得重要資訊？如何創建一個讓學校與全世界快速而有效連結的管道？以及如何有效管理這個管道？

六、人、技術與責任：包括教師、行政人員、科技人員、機長與社區，如為教師提供持續的專業發展，確保教師擁有最新資訊科技的能力，因此智慧學校的教師與行政人員必須接受資訊科技的訓練，確保他們能迎合教育趨勢。

七、科技：科技的輸入、科技的標準、資料的安全與科技的架構，如科技基礎設施的進化更新，有賴財政資源的不斷挹注，因此必須獲取教育主管當局的財政支持。

歸納分析上述政策推動之論述，政策推動其類型多元而複雜包含行政、人力資源理、課程教學與科技管理等，均涵蓋智慧學校建構的重要元素，而這些要素應與各國教育改革政策相結合，如臺灣教育當局（2014）年頒布十二年國民基本教育課程綱要；臺灣教育當局（2017）持續推動的「國中小行動學習推動計畫」，倡導（一）建立行動學習融入教學模式，規劃可行之行動學習環境。（二）提倡行動學習融入教學與觀摩分享經驗，促進學生學習成就。（三）透過行動學習推動優良學校經驗分享，提升運用行動學習之能

智慧學校

力。(四)行動學習教室觀察及觀課工具運用與實作等四項目的,是智慧學校教學可納入之模式。

　　總之,智慧學校政策的推動必須依據智慧學校發展願景、融入地方文化產業與生態環境以及政府政策,做好人與科技的結合;課程、教學、評量與教育目標的整合;再統整人力資源、物力資源與財政資源,再以符合大多數人的利益為前提,積極規劃、執行、檢核並提供回饋與追蹤改進。惟在政策制定過程中,政策利益本身應能加以評估,且在政策執行數年後實施。

第九章　智慧學校的規劃與實施

　　學校組織的運作，隨著社會的多元開放，所要面對的問題也是日益複雜。如同企業組織一樣，學校想要尋求進步和獲得良好的辦學績效，學校領導者需要創新經營的理念、熱情與行動（Bossidy & Charan, 2002; Cormican & O'Sullivan, 2003）。智慧學校藍圖的勾勒應更精緻化學校願景與特色，而在達成智慧學校目的的同時亦應兼顧學校教育品質原則。

　　曾秀珠（2017）將智慧學校之發展歷程策略分為以下面向：（一）理念先行，帶頭前進；（二）教學環境，建置營造；（三）智慧教師，系統培訓；（四）專家對話，經驗積累；（五）發展社群，應用交流；（六）教學觀摩，成果分享；（七）發展創新智慧模式；（八）培育學生多元能力等八個面相，透過八個面向的推動，來促進學校創造源源不絕的成長動力，在教師專業發展的路途上永續提升。

　　Sua（2012）認為，智慧學校的實踐應遵循以下教育品質原則：（一）讓所有學生均能有效學習並給予高度的期望；（二）兼顧所有學生的能力與需要之多元課程設計；（三）學校組織氣氛有利於學生學習；（四）支持優良教學的持續評量系統；（五）專業與優質的學校校長和老師；（六）家長與社區的高度投入與支持。

　　在學校藍圖中，一個優質的計畫團隊是不可或缺的，而計畫團隊的組成應至少包括資訊專家、資訊教師、行政人員、班級教師與家長等共同組成，計畫團隊的首要任務即致力於智慧學校計畫的擬定、引導與推動。計畫團隊的運作應有一定的遵循規範，這些來自不同興趣的組織成員，必須共同完成

學校的目標。團隊成員應具備合作的共識，以確保任何執行策略能被所有成員所接受。團隊以開放溝通的方式去創造願景、策略與實踐。

為建構藍圖，團隊成員必須引入不同類型的資源、參訪不同類型的智慧學校聽取他們的報告與汲取經驗，並適時融入本身的計畫與概念。此外，適時聽取專家意見以及成員的經驗亦是重要的資訊來源。而團隊工作室、電腦軟硬體等周邊設備等更是不可或缺的元素。

茲將智慧學校發展架構、執行流程、執行方法與策略、執行成效檢核指標、執行進度分析規劃分別說明如下：

一、智慧學校的發展架構

智慧學校發展架構可分為智慧教師、智慧教室以及智慧學校三個面向，如圖 11。

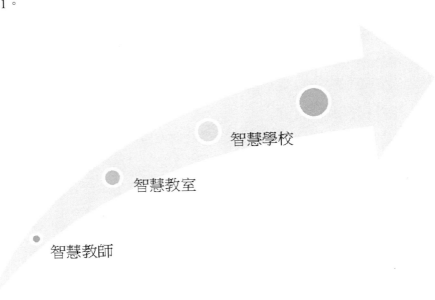

圖 11　智慧學校發展架構圖

今圖 11 說明如下：

一、智慧教師

教師是智慧學校執行成敗的重要關鍵人之一，因此智慧教師的建構是智慧學校成敗的靈魂人物。智慧教師的形塑必須從教師教學文化的觀念進行革新，讓教師在傳統教學方法的利基上，逐步能將資訊科技融入教學與學習的能力、態度與意願，而此工作之執行非屬容易，必須藉由深度會談與成功案例參訪等方式，逐步的引導教師本身進行教學文化與能力的改變、嘗試與接受。智慧教師的能力包括數位課程、教學、評量與教材設計等教學內容知識、科技教學知識。

二、智慧教室

智慧教室包括資訊科技設備、人、技術與責任。首先智慧教室當建構完備的執行數位教學與學習的資訊科技基礎設施；其次在教室中的主角——學生與教師，能擁有執行數位教學與學習過程的能力，經由網際網路連結校內外教育機構建立策略聯盟藉以取得豐富教育資源，並能熟悉與擔任維護科技設施的責任。

三、智慧學校

智慧學校當以教學與學習為核心，並能有效結合人力資源、物理資源與財政資源。透過行政與管理手段進行科技基礎設施的建構、智慧學校計畫的執行、人員技術、能力的培養與責任的授權，最後進行整體智慧學校實施成效與品質的掌控。

二、智慧學校的執行流程

執行流程是掌控智慧學校實施品質的重要關鍵，而品質是教育人員的共同責任。Putnam（2004）談到，學校面對的未來圖像在反映一種卓越、高成就的教育成果與挑戰。Fullan（2003）談到，在未來，學校應致力於學生的學習成就與發展、教與學的品質以及系統品質的持續改善；Covinfton

（2005）指出，未來領導者應致力於領導、教師的實踐、與學生學習的品質；另經濟合作與發展組織（Organisation for Economic Co-operation and Development, OECD, 2005）提出，未來的學校與領導者應能取得高品質的研究，以作為發展課程與教學的基礎。

為有效掌控智慧學校建構與實踐品質，須依工作屬性擬定具體可行的標準作業程序（Standard Operating Procedures , SOP），以達到穩定性、節省時間與資源及高效率的執行成效。作者以為智慧學校建構的發展過程，主要包括四個階段，亦即規畫、執行、監控與評鑑。（如圖 12）。

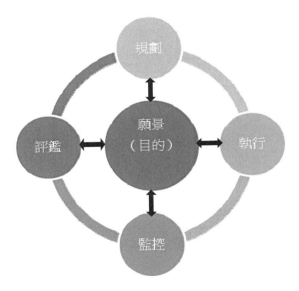

圖 12　執行流程圖

智慧學校的建構將被視為學校政策的一環，為有效執行智慧學校的政策，此政策循環與執行智慧學校有關的知識體系將被完整融入此政策中。因此，如何有效思考與統整這四個階段的因素，是智慧學校建構與實踐的重要關鍵。首先在規劃方面，為實現學校政策願景、任務、目標與價值，必須進行學校系統的重新建構、學校文化的改變、教學與學習的革新，使學校呈現動態、創新的管理模式。正如 Hanan 與 Enas（2008）提到，智慧學校的創

建必須除 ICT 基礎設施的完備外，亦須進行管理的變革與統整；而 Azizah（2006）亦談到，資訊年代教育系統面對革新與挑戰，學生、教師、行政人員和家長必須有更好的準備去迎接挑戰與革新。

　　其次在執行階段，此階段只在延續規劃階段之構想，進一步規劃專業計畫、行動與原則，最重要的思考方向是必須符合大多數人的利益。在政策本身必須從問題本位的思維提出因應策略，這包括教師態度的改變、專業能力的提升、科技的有效使用、科技及行政管理等，正如 Azian（2006）提及，智慧學校的教學與學習必須適應不同能力的學生（學習型態、多元智慧）；多元的學習環境、從教師中心到學生中心；允許學習依自己的學習速度進行學習以及自我導向的學習；評量能力的建構、評量紀錄的保存以作為教師監控學生學習的依據；提升價值與技巧，如創造與批判思考的技巧；允許課程進行平行與垂直的統整。

　　第三為監控階段，監控執行過程的成效是重要的實施階段，適時、適當的監控有助於良好成效的產生，以及願景、目的與價值等地達成。在智慧學校的監控內涵為資訊科技設備、課程教材、教學型態、學生能力、行政管理等執行成效。

　　最後是評鑑階段，政策執行的效能與效率需透過評鑑。評鑑可以提供學校相關資訊、知識、產出與結果，藉由解釋、分析和討論檢測願景、目的與價值是否有效達成。評鑑內涵包括課程教材、教師訓練與科技功能、面對革新態度的調適、科技基礎設施、管理系統以及學生和家長的回饋。

　　綜合上述實施執行流程與內容，可經由圖 13 概覽智慧學校建構的流程與內涵全貌。

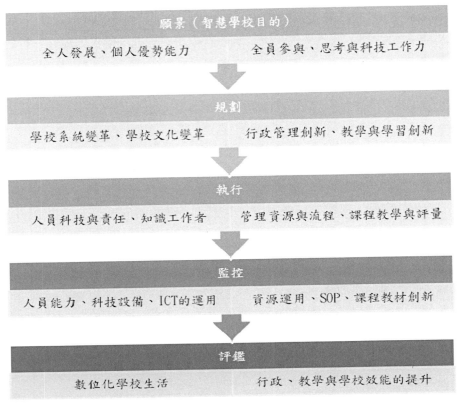

願景（智慧學校目的）	
全人發展、個人優勢能力	全員參與、思考與科技工作力

規劃	
學校系統變革、學校文化變革	行政管理創新、教學與學習創新

執行	
人員科技與責任、知識工作者	管理資源與流程、課程教學與評量

監控	
人員能力、科技設備、ICT的運用	資源運用、SOP、課程教材創新

評鑑	
數位化學校生活	行政、教學與學校效能的提升

圖 13　執行流程與內涵

三、智慧學校的實施方法與策略

　　智慧學校係指，學校系統強調教學與學習工具（科技）的革新（如電腦、智慧板、網路設施等），經由科技的使用，教育的過程產生快速的變革，科技系統將為教師與學生帶來教育過程的重要效益。智慧學校的建構與實踐，首先須完整資訊科技基礎設施，接續可透過智慧學校理念引導，透過焦點座談、標竿學習等措施逐步改變學校行政、教學與學習文化，以及教師革新的觀念、意願與態度；經由教師學習社群及專業發展課程講座、資訊融入創新教學的實踐以及翻轉教室的理念，來提升資訊科技能力並能有效運用

及分享於課程設計與教學實務中，以提升教學與學習成效，進而達成智慧化學校生活的目標。為達成智慧學校建構與實踐之目的，有效策略如下：

（一）完備的科技基礎設施

　　雲端科技（Cloud Technology）能將新的理念，概念、原則、科技與教育型態，經由數位科技設施呈現分布於雲端，是一種新的教學與學習典範（Jalali, Bouyer, Arasteh & Moloudi, 2013）；Nedungadi 與 Raman（2012）談到，雲端科技是合作學習平臺（Cpllaborative Learning Platform）的核心價值，是一種個人化學習系統的設計，個人可透過電腦或移動式資訊設備進行數位學習（E-Learning）；Yoosomboon 與 Wannapiroon（2015）表示，近數十年來，ICT 的快速發展促使教育單位必須及時因應，並進行改革。為迎接二十一世紀的教學與學習模式以及以挑戰為基礎的學習，雲端科技的設備與運用成為教學與學習的重要利器。

　　Barhate 與 Narale（2015）認為當前教育系統強調教學與學習工具（科技）的革新，經由科技的使用讓教育的過程產生快速的變革，科技系統將為教師與學生帶來教育過程的重要效益。Thang、Azman 與 Joyes（2010）提到在智慧學校的設施中，資訊通訊科技的整合是主要的趨勢，如電腦、智慧板、網路設施等。

　　從上述論述可知，要有效的實踐智慧學校，完備的科技基礎設施為其必要之因素，學校可透過先進的資訊通訊科技，建構教育雲端資料庫、教育對話平臺，亦能經由網際網路進行校際、班際、教師同儕、學生同儕、師生及與家長和社區進行連結，完整教育網絡，讓行政人員、教師與學生在任何時間、任何地點可取得其所需資訊進行工作、教學與學習，進而帶動學校逐步邁向智慧學校的生活意境。

（二）焦點座談

　　焦點團體座談具有省時間、較容易執行，且較容易激發與談者對於議題

的各種不同反應與進一步討論，進而導引出新的假設，以及彼此之「互動」等優點，因此在研究方法上頗受到偏愛（Krueger, 2002；Morgan, 1998）。焦點座談所引導出的互動，讓參與座談團體成員有相當程度的參與並產生共鳴之效果，使他們能針對自我狀況，自然習慣的語言，去表達、挑戰和反應與會成員的經驗和解釋。這種成員間的互動，可提供研究者有多方面之洞察機會，有助於對所研究之議題作更深入之探討，是傳統一對一訪談所無法達成的效益。

　　任何教育政策之實施與落實，亦植基於學校組織文化之穩定性（張慶勳，2006）。Denison 與 Mishra（1995）認為，組織文化存在群體之中不斷地運作，是解決組織問題的產物，它會傳遞給新成員，作為知覺、思考和感受相關問題的正確方式，這種解決問題的產物，最後成為人類活動和人際關係的假設，被視為理所當然之後將無法察覺。Schein（1992）認為，組織文化為一組織在學習解決外部適應與內部問題時，所創造、發明或發展出來的一套基本假定模式。Quinn 與 McGrath（1985）以為，學校組織文化是由學校成員的特性、領導者的特性、組織的凝聚力、組織的氣氛、管理風格、對成功的定義、對成員的評估等七者所組成的特質，因為此種特質之差異，使組織間呈現理性、發展、共識、層級等文化類型的不同。組織通常是這些文化的綜合體，沒有任何學校完全符合某一種文化，只是可能某一種文化色彩較濃而已，這四類型文化沒有好壞之分，只有適不適合而已。

　　學校組織型態包含行政組織及教師組織，兼具科層體制和鬆散結合系統二種不同的組織特性。另外，根據學校發展背景，所處地理位置的不同，社區文化的差異，每間學校皆會各自發展不同類型的組織文化。學校組織文化是成員日常生活中依循的一套生活方式，因此學校在發展特色及是否能順利推動，與組織文化有極大的關係。

　　隨著學校生態環境的異質化，將會產生學校文化的差異性。智慧學校有別於傳統學校的運作模式，因此，推動初期可能遭遇阻力，必須經由溝通整合觀念，改變學校文化。由上述描述可知，焦點座談的功能在可以針對不同

議題，進行互動式探討，進而產生共鳴的效應。智慧學校之建構如能透過焦點座談與專家對話，針對智慧學校之建構與實踐之相關議題，與學校相關教育人員充分進行溝通，藉以理解智慧學校建構與實踐的流程，及可能面臨的困境，以建立全員參與的共識與認同，諸如學校系統、文化、行政、課程與教學的革新以及人員資訊科技能力的提升、運用與分享等，將有助於學校文化的轉型，化阻力為助力。

（三）專業發展

教師專業發展係指教師可以在其漫長的教學生涯中，持續不斷地參加各種個人或團體的正式或非正式之進修學習與研習活動，並藉由此類活動的參與，不斷吸收相關專業新知，且反省當前教學之現況，使教師在自我專業知識、技能、態度、教學效能、學生輔導、人際關係與溝通以及研究發展能力上，得以充足應用於實際之教學現場，滿足社會所寄予之期待及學生學習之需求（蔡金田與林群翔，2016；Hayes, 2010; Villegas-Reimers, 2003）。

教師專業發展類型，國內外各有不同見解，首先在國內部分：

饒見維（2003）將教師的專業發展活動類型，分為被動發展與省思研究等兩大類。

吳清基（1995）將教師專業發展分為廣義與狹義的解釋。狹義的教師專業發展，係指由政府或有關機關學校所舉辦的校外教育專業發展活動，而廣義的專業發展活動包括三種類型：（一）教師個人的自我教育，即教師自行研究、閱讀以增進新知。（二）教師校內的研究、進修活動。（三）教師參加校外的在職教育。

葉木水（2003）則在參照多位學者專家之看法後，歸納教師專業發展活動為主要三種類型：（一）參加政府、學術機構或其委託民間機構辦理之校外專業發展活動。（二）參加學校本位教學研究之校內專業發展活動。（三）教師自發式專業發展活動。

林蘭櫻（2004）將教師專業發展活動略分為四種類型，包括：自我發展

型、互動討論型、情境學習型、研習進修型。

吳婉瑜（2012）則將國民小學教師專業發展活動類型歸納為學校本位研習活動、校外專業研習活動、進修學分或學位，以及其他個人進修活動等四種類型。

陳秀琪（2012）在參酌相關文獻後，將目前國小教師參與教師專業發展活動的類型分為（一）教育或教學有關之碩士學位班。（二）教育或教學有關之增能學分班。（三）短期研習進修。（四）網路線上學習課程。（五）收聽教育廣播節目。（六）教師個人的自我教育。

呂錘卿（2000）於其研究中將教師專業發展活動分為四大類型：（一）個別式：以教師個人為主，閱讀、寫作等自我發展、行動研究、專案研究、交換教師。（二）小組式：約二至十人的小組，相互對話、同儕視導、問題導向或主題中心成長團體、協同行動研究。（三）團體式：班級形態或更大團體形式、專題演講、研討會、校內外教學觀摩或參訪。（四）輔導式：有一位或一組的教學輔導者針對某位教師給予輔導，教師評鑑、教學視導、引導式自我探究。

吳秋芬（2007）亦以人數多寡來區分教師專業發展活動類型，可分為以下四種形式：（一）個別式：以教師個人為主之專業發展活動。（二）夥伴式：將教師分為約二至十人的小組，進行專業對話。（三）小組式：以小型班級形態或團隊形式進行教師專業發展活動。（四）團體式：以較大規模的組織成員建立發展團體，進行教師專業發展活動。

其次，在國外部分：Hargreaves（1993）將教師專業發展活動分為兩種類型，一種是「描述型模式」（descriptive model），另一種是「處方型模式」（prescriptive model）。前者描述實際上發生的各種專業發展形式與歷程；後者提供教師專業發展應如何進行的建議。此兩者相互關聯，前者提供後者實際上可能的限制，而後者則提供前者改革的方向。

Zepeda（1999）另外提出三種教師專業發展類型：（一）同儕教練（Peer Coaching）：其可分為兩種形式，第一種是由校外專家來進行指導，第二種

是同一個教學單位、小組或同校教師彼此之間的相互指導。（二）教學引導（Mentoring）：教學引導常應用於協助新教師順利適應一個新的教學環境。（三）反省和對話（Reflection and Dialogue）：反省和對話彼此有自然的因果關係，因此一併考慮。

Khalili、Arash、Takagi 與 Akiko（2010）於其《如何實施教師專業發展有效活動之研究》（*Implementing Effective Professional Development Activities*）中，將教師專業發展活動分為個人型、一對一型、團體為基礎型與機構團體型等四類。

而針對智慧教師的專業發展模式，張奕華與吳權威（2017）提出三層次鷹架理論，亦即智慧教師：探索、合作、分享、反思；智慧模式：新技術、新教法、新教材；智慧教室：展現力、洞察力、調和力。

統整上述文獻可知，教師專業發展是延續教師教學生命力的重要手段。Mishra 與 Koehler（2006）認為，對數位時代中的教學者來說，現今教學應當考量到七種知識，依序分別為學科內容知識（Content Knowledge, CK）、教學知識（Pedagogical Knowledge, PK）、科技知識（Technological Knowledge, TK）、內容教學知識（Pedagogical Content Knowledge, PCK）、內容科技知識（Technological Content Knowledge, TCK）、科技教學知識（Technological Pedagogical Knowledge, TPK），以及科技內容教學知識（Technological Pedagogical Content Knowledge, TPACK），並依此建構與提出其知識概念。智慧學校的教師須擁有上述所提及的領域知識。

教育人員專業發展是提升專業能力的有效途徑。學校教育人員可參酌上述專業發展類型以及專業發展模式，透過專業發展的理念逐步為實踐智慧學校所需具備的知識與能力（CK, PK, TK, PCK, TCK, TPK, TPACK），為教育人員增能，其實施方式為：（一）購置相關教材與圖書設備等提供教師個人的自我教育，即教師自行研究、閱讀以增進新知；（二）辦理教師校內的研究、進修活動；（三）規劃教師參加校外的教育研習與參訪；（四）與專家對話；（五）社群活動。經由教師增能活動的規劃，逐步提升成員的數位科技能

力，建置數位行政、課程與教學等學校數位生活。

（四）學習社群

　　學習社群源於組織學習，知識分享為其重要理念。Argote 與 Miron-Spektor（2011）認為，知識分享的概念包含組織內不同單位與成員間學習的共同信念與行為規範，亦即組織學習的產出起源於個人學習知識的累積，而成員的流動與移轉都將影響知識的保留與儲存。

　　Grossman, Wingburg 與 Woolth（2000）認為，基於以下幾個理由，校園學習社群的建構是必須的：（一）智慧的更新；（二）社群是學習的場所；（三）社群是培育領導的場所；（四）教師智慧更新與專業社群有助於學生的學習。Roberts 與 Pruitt（2003）談到，學習社群被視為學校進步的有效模式，高品質的學習活動是改善教與學的必然因素，透過學習社群的合作、權力分享與持續學習有助於學校特色的建立與專業的發展。Khatoon（2007）指出，在智慧學校教師扮演更多元的角色，必須額外去設計和使用課程軟體、建置說明書或引導學生學習，相較於傳統教學，必須花費更多時間準備。學習社群有其一定的目標導向，而且此目標能獲得全體成員的認同；它是一種人與環境相配適的組合，社群成員在平等的立場上不斷的合作、分享、反省與成長，進而實現社群的目標（蔡金田，2013a）；Sergiovanni（1994）認為建構校園的學習社群，有助於成員專業能力的發展，而在建構校園學習社群的過程中，一位有效能的領導者應具備文化塑造能力、象徵性能力、教育專業能力等。因此，建立學習社群有助於學校教育人員對於自身所應具備之能力進行反省與成長。

　　蔡金田（2013a）提出，學習社群的推動應包含以下幾個要素：（一）擁有共同的目標、價值與願景；（二）社群成員對社群有認同感與歸屬感；（三）成員間彼此能相互合作、平等對話、分享與關懷；（四）擁有安全與支持的環境；（五）以達成組織目標為依歸；（六）能持續的改進、反省與成長；（七）能建立新知識。

Darling-Hammond 與 Richardson（2009）認為，專業學習社群是新的教師專業發展典範，經由教師與同儕嘗試新的教學方法及團體討論教學實務中所遭遇之問題，教師能藉此提出問題及有效的方法提升學生的學習能力，可知教師專業學習社群的主要核心理念，即為促進教師專業成長與持續提升學生學習成果。

國內外學者與機構對於學習社群之建構，雖從不同的角度探討，但卻有異曲同工之妙，作者統整歸納分析發現，學習社群可涵蓋以下要素：（一）尋求社群成員的共同利益、價值與目標（蔡金田，2013b；Australian National Training Authority, 2003; Coalition for Community Schools, 2009; Wilson, Ludwig-Hardman, Thornam & Dunlap, 2004）；（二）連結成員專長與社群的利益、價值與目標（蔡進雄，2003；Coalition for Community Schools, 2009）；（三）建構安全與支持性的社群環境（高博銓，2008；蔡進雄，2003；蔡金田，2013b；Australian National Training Authority, 2003; Coalition for Community Schools, 2009; Wilson, Ludwig-Hardman, Thornam & Dunlap, 2004）；（四）建構社群成員的認同、合作、分享、承諾、責任、溝通與創新機制（高博銓，2008；蔡進雄，2003；蔡金田，2013b；Australian National Training Authority, 2003; Coalition for Community Schools, 2009; Wilson, Ludwig-Hardman, Thornam & Dunlap, 2004）；（五）給予社群成員必要的專業訓練（高博銓，2008；Coalition for Community Schools, 2009）；（六）勇於反省、更新及面對挑戰，成就社群的革新與成長（Australian National Training Authority, 2003; Coalition for Community Schools, 2009）；（七）領導者的支持與分享（高博銓，2008；蔡進雄，2003；蔡金田，2013b）。

綜合上述論述可知，學習社群有助於成員反省、更新與成長；能將成員、社群與學校目標作結合；認同、合作、分享、承諾、責任、溝通與創新的態度則有助於願景目標的達成。智慧學校的建置需有共同的願景，在願景的引領下，經由參與、合作、平等對話、分享與關懷，引發成員的改進、反省與成長，提升成員更加精熟、運用及分享數位科技能力，建置數位行政、

課程與教學等學校數位生活，引導學生進行有效學習，成為知識經濟時代的數位工作者，教育人員學習社群的建立有助於達成上述之目標。

（五）資訊科技融入創新教學

在數位資訊時代，資訊通訊科技運用於學校教學與學習是當前課程教學的新趨勢，尤其數位工具或系統（如 Dropbox 或 Google 協助平臺）運用對於教學實踐提供良好的教學環境，尤其協作過程中作品共創、分享、同步化更新等優勢，有別於傳統教學環境，為教學工作提供創新教學平臺。

資訊融入教學的推展，極具時代性與必要性，這可由我國 1998 年開始積極的推動「資訊教育擴大內需方案計畫」及 2001 年的「中小學資訊教育總藍圖」計畫加以瞭解（徐新逸，2002）。張基成與王秋錳（2008）表示，資訊融入教學的應用方式，除運用簡報、CAI 及網際網路外更加入互動式的多媒體影音及教師配合電視、廣播教學及單槍投影的方式。在教學與學習領域中，學習的過程若能運用多媒體影音，將活化課程內容，並有效激化學生的學習興趣，提高教學成效（袁媛與許錦芳，2007；張梅鳳，2004；吳致維與林建仲，2009）。而教師對於資訊融入教學也持有正向之看法（吳致維與林建仲，2009）。

「結合資訊科技以發展新的教學模式或多元富變化教學活動，且融入教學某些階段（含評量，班級經營）」、「運用數位工具於其他教師皆未融入的學習領域」、「引入新的數位軟、硬體工具進行資訊科技融入教學，以活化教學」、「運用及統整數位教材、編製數位教材，以改善或豐富教學」、「資訊科技融入教學時採用新的教學模式、教學策略或學習理論於教學」是創新教學的重要策略（賴阿福，2014）；徐瑞奎（2004）指出，如果將資訊科技融入教學中，會讓老師的教學更生動、更有趣、更活潑，讓學生的學習更有效率、更輕鬆。

然，王春生（2004）指出，當前資訊融入教育所面臨之困境包括：軟硬體設備不足、教師備課時間不夠、資訊基本素養缺乏與升學主義的壓力等問

題。針對上述問題，吳重謙（2004）認為，學校單位有必要加以正視，讓資訊融入教學回歸教學本質，行政單位應思考提供什麼樣的環境讓老師教得更輕鬆、學生學得更快樂，讓教師專心回歸教學的本質。另根據 Tondeur、Braak 與 Valcke（2006）表示，教育現場實施資訊融入教學時存在著教學時間明顯不足，資訊融入教學教材、軟體缺乏或品質不良，以及教學硬體設備不足、教師資訊素養與個別差異等因素，對教師實施資訊融入教學的意願皆具影響差異。且科技融入於教學的量與質，卻遠不如學者專家的預期（Doering, Hughes, & Huffman, 2003; Kim, Kim, Lee, Spector, & DeMeester, 2013; Polly, McGee, & Sullivan, 2010）。

在資訊融入教學的理論模式中，Mishra 與 Koehler（2006）認為，對數位時代中的教學者來說，現今教學應當考量到七種知識，依序分別為學科內容知識、教學知識、科技知識、內容教學知識、內容科技知識、科技教學知識，以及科技內容教學知識，並依此建構與提出其知識概念。Angeli 與 Valanides（2008）提出的 TPCK 模式則認為教師的科技融入教學之專業知識，應該包括「內容」、「教學」、「科技」、「學習者」（learners），以及「情境」（context）等五種知識。前三種知識與 TPACK 的三大基礎知識雷同；「學習者知識」是指，對於學習者的特質與先備經驗的認知；「情境知識」泛指對於教室環境、教育的價值與目標、個人教學信念與哲學觀等之認知。

何榮桂（2002）指出，資訊科技融入教學有六種可行方式：（一）資訊的探索與整理：即教師提出問題，要求學生利用資訊或網路技術搜尋相關資料；（二）科技產品的運用：例如運用數位相機、掃描器等，將實物圖片呈現在學生面前，以接近更真實的世界，且獲得更有意義的學習；（三）心智工具的運用：包括試算表、資料庫、網路工具、多媒體等工具，促使學習者主動學習；（四）透過網路的合作學習：利用 e-mail、web 等網路溝通媒介，進行班際、校際甚至跨國界的合作學習活動；（五）問題導向的融入策略：教師提出模擬真實情境的問題，培養學生利用資訊科技解決問題的能力；（六）資訊科技融入學習評量：善用資訊科技快速且易於存取的特性，

進行有效的學習評量。

劉世雄（2000）認為，資訊科技融入教學活動中，不可能有一致性的程序與標準，依教材、環境設備、使用程度的不同，有六種教學模式：單向式的資訊提供傳遞、結合教學引導的訊息傳遞、教學活動設計理論的應用、學生與教師互動的學習、善用媒體特性、建立教學網頁、善用學習理論建立學習網站。

徐新逸與吳佩謹（2002）認為，資訊科技融入教學的方式可分別在課前準備、引起動機、上課講授、教學活動、課後評量等五個階段。

根據上述文獻探究可知，資訊融入創新教學需具備多元的科技與教學知識、多元的教學模式、多樣化的課程教材與多元的評量等，學校教育人員必須與時俱進。智慧學校創新教學乃採資訊融入教學理念來進行學校教學文化的改變，經由智慧學校理念的推動與學校行政的支持引導教師多元教學模式的反省與思考，透過數位創新教學方法、數位教材與學習成效的評量，協助教師提升教學效能與學生學習成效。

（六）翻轉教室

在過去的傳統講述式教學中，教師及學生們常常面臨到許多的挑戰。例如在課堂的教學過程中，教師通常無法兼顧所有學生的理解狀況；同時，在家寫作業或是應用課堂知識的過程中，學生往往最需要教師的協助，但是卻無法得到應有的幫助（Tucker, 2012），而翻轉教室的思維，讓這些問題有了改善的機會。

翻轉教室（flipped classroom）的教學模式，主張教師講解和學生作業兩者翻轉，學生在家看教學短片，課堂上則和同學一起做作業，這是目前很受矚目的教學改革，既有的研究顯示其所要促成的改變有其效果（黃政傑，2014）。教學內容中以記憶及理解為主的知識，其實可以經由錄製影片，讓學生在家自學即可。一旦在課堂中講述的內容可以由學生在家透過影片完成學習，教師在課堂中就有更多的時間來指導學生如何應用這些知識，以及解

決學生在寫作業或應用知識過程中遭遇的問題（Kim, Kim, Khera, & Getman, 2014）。同時，在課堂完成作業及應用知識的過程中，更可以促進師生及同儕的互動（Gilboy, Heinerichs, & Pazzaglia, 2015）。另外，教師也可以透過設計課堂活動，讓學生透過討論、解決問題，甚至於創作，來發展更高層次的知識。因此，有學者用「翻轉學習」來更進一步闡述，在翻轉教室中，透過課堂活動設計，來加強學生高層次能力的一種教學方式（Hung, 2015; Kamarudin, Abdullah, Kofli, Rahman, Tasirin, & Jahim, 2012）。

翻轉教學藉由大規模網路開放課程（磨課師，MOOCs）的推波助瀾，已蔚然成為數位學習的新趨勢（郭靜姿、何榮桂，2014）。翻轉的概念源自兩位高中的化學教師，Aaron Sams 與 Jon Bergmann，他們為解決部分學生無法到學校上課的問題，開始製作影片，讓學生得以回家復習；在過程中發現，如果在課堂中加入學習活動，能夠帶來很好的學習成效，也因此發展出翻轉教室的模式（Bergmann & Sams, 2012）。由於教師在課堂中講授的內容大多是以傳遞知識為主，學生最重要的工作是記憶及理解這些知識內容。然而，這類型的知識，不論是經由現場面對面的講述，或經由觀看影片，知識吸收的效果其實並沒有太大的差別；反而透過影片的觀賞方式，學生能夠依據自己的學習狀況，重複觀賞或是快速看過已經瞭解的部分（黃國禎，2015）。

黃政傑（2014）、郭靜姿、何榮桂（2014）、劉怡甫（2013）、Brame（2013）皆認為，翻轉教學是將教師講解與學生自學作業翻轉過來，是一種教學順序地翻轉。利用課前理解和記憶教學內容，上課時間學習應用、分析、評鑑與創造等高層次能力，使得學生較有自信（Marshall & DeCapus, 2014）。翻轉教學將課堂中傳授知識的教學活動提早在課前進行，讓學生的學習由被動化為主動，也讓課堂成為解決問題的地方，翻轉了我們對教學的認識，也延伸了課堂的學習（羅志仲，2014）；提倡「翻轉教室」的 Bergmann 與 Sams（2012）也特別強調，翻轉教學的重點不在於老師自製課堂講述影片來教學，而是能真正思考如何更有效益的運用課堂互動時間。

根據相關文獻探討，在翻轉教室教學模式下，學生成為更主動的學習者（Brame, 2013; Teach Thought Staff, 2013）；學習機會增加，可促進學生學習和成就（Chaplin, 2009）；可增進學習專注和批判思考，改進學習態度（O'Dowd & Aguilar-Roca, 2009）；學生能有效管理個人內在認知負荷，促進學習（Mayer, 2009; Musallam, 2010）；利用課前時間理解和記憶教學內容，上課時間同儕互動及教導增加，學習應用、分析、評鑑和創造等高層次認知能力的機會增加，學生顯得較有自信（Marshall, 2013; Marshall & Dec, 2014）。翻轉學習的目標，在於增加課堂師生互動的時間，並透過教師經由課堂活動設計及引導，提供學生更多進行高層次思考的機會（Lai & Hwang, 2014）。

智慧學校強調在任何時間、任何地點都能進行學習的一種學習模式。智慧學校的運作融入翻轉教室的理念，經由完善的資訊通訊科技基礎設施、數位課程教材的建置、數位創新教學模式、雲端資料庫的建立，並進一步引進翻轉教室的理念，改變傳統師生教學的角色，使教師成為課堂的主持人、引導者，學生能按照自己的學習速度與認知負荷，進行時間管理有效掌控自我學習，成為積極主動的學習者，並透過同儕與教師引導提升學習成效。

（七）標竿學習

標竿學習是近幾十年來管理界的新寵，旨在取人之長，補己之短，俾利提升競爭優勢。其中重視流程、全面品質管理、持續學習、不斷改進為其核心概念，對於組織與個人成長均能產生極大效益，是組織變革的利器（蔡祈賢，2011）。標竿學習旨在透過衡量比較來提升組織競爭力的過程，以最佳的組織或經營典範作為學習的對象，經由持續改善來強化本身的競爭優勢，是一項有系統、持續性的評估過程，透過不斷地將組織流程與一般流程相比較，來獲得改善營運績效的資訊，是一種持續改進、確保品質的管理過程（吳清山與林天祐，2005）。

標竿學習起源於美國 Xerox 公司效法日本 Fuji Xerox 的全面品質控制

（total quality control）策略，逐步改進組織績效，並分別獲得品質獎項中最高榮譽的 Deming Prize 和 Malcolm Baldrige National Quality Award 兩個獎項，此即為 Xerox 著名的品質領導（leadershup through quality），是標竿學習成功的典範（蔡俊旭，2004）。

在標竿學習的發展方面，Kyro（2003）將 Gregory Watson 所闡述的五個階段，增加第六個階段與第七個階段，茲說明如下：

（一）第一階段（1940-1975）：改變製程標竿學習（Reverse benchmarking），重視產品製造的分析，與競爭對手的產品進行特性、功能與成效的比較，以改變產品的過程。

（二）第二代（1976-1985）：競爭標竿學習（Competitive benchmarking），旨在尋求競爭對手的生產流程以及經營成效等資訊，再與組織本身進行比較。

（三）第三階段（1986-1987）：流程標竿學習（Process benchmarking），以水平思考方式，跳脫本身產業，尋求最佳典範，以精緻本身產業。

（四）第四階段（1988-1992）：策略標竿學習（Strategic benchmarking），主要在運用策略聯盟方式，獲得夥伴之成功經驗，並透過系統評估與分析，選擇適合本身組織的最適當策略。

（五）第五階段（1993-2000）：全球標竿學習（Global benchmarking），將全球企業納入學習與策略聯盟對象，開展標竿學習的視野，選取最佳、最適當的學習對象。

（六）第六階段（2000 以後）：能力／標竿學習（Competence benchmarking），經由標竿學習進行組織文化的革新，使組織具備創造、問題解決以及勇於挑戰的文化氛圍，以促成組織革新成功。

（七）第七階段（2000 以後）：網路／標竿學習（Network benchmarking），透過網路的連結，進行策略夥伴的經驗分享、對話與合作來促進組織的成長。

標竿學習是建構智慧學校可逕行運用之策略，融合七個標竿學習階段，

再將其轉化為適合學校本身生態環境的策略，如此將能使智慧學校符合在地並與國際接軌的步伐邁進。例如，經由典範學校作為參訪與對話的競爭標竿學習以及網路標竿學習；以教育以外產業做為學習對象的流程標竿學習以及全球標竿學習；以校際策略聯盟、全球夥伴關係的策略標竿學習、全球標竿學習以及網路標竿學習等方式，都將有助於營造一所優質智慧學校的實踐。

四、智慧學校執行成效檢核指標

「沒有衡量就沒有績效，沒有績效就沒有管理」，這句話可以說是描述績效管理運動的最佳開場白。事實上，這句話也揭露了幾個有關績效管理的訊息：（一）管理的目的乃是為了提升組織的績效，若組織可以不重視績效，則沒有管理必要；（二）組織需要訂定一套評量資源運用與成員表現的標準（或指標），缺乏這一套標準，便無從認定組織的績效水準；（三）凡是無法衡量的事物，就不會成為組織績效的一部分，亦即績效衡量偏重於組織內可以測量的有形標的，無形的成果（如組織文化、合作精神、組織形象、顧客品牌意識等）很少也很難具體反映在績效報告上；（四）績效衡量的結果會影響管理者的策略訂定，錯誤或不當的績效衡量結果，可能對管理者產生誤導的作用，嚴重者導致錯誤的決策後果（莊文忠，2008）。

鄭彩鳳（2004）認為，績效管理是整合組織與個人目標，並對各部門與人員的執行過程及結果，依預定的程序與方法，進行綜合管理與評鑑，以提升成員的能力和素質，改進與提高組織績效水準的一種體系；鄭秋貴（2005）指出，績效管理為一持續進行之流程，包含：訂定績效計畫、持續的績效管理、績效評鑑、績效改善以及面談、獎懲與學習成長，並提供在職進修及訓練發展的機會；李冠嫻（2007）指出，學校績效管理是藉有效的管理策略，凝聚教育工作同仁的共識，朝向學校教育理想邁進。為求靈活運用有限資源，創造更寬廣的教育空間，滿足學習者多元化的需求，優質學校的績效管理必須是重視過程與結果，兼顧質與量的均衡，才能確保優質學校的

永續發展。

鄭瀛川（2005）指出，績效管理有五個目的：（一）建立良好的溝通管道：讓主管與部屬有互動和溝通的機會，在固定的績效面談中，可以針對工作情況、工作目標、績效表現等議題充分討論；（二）給予員工適當的獎勵：鼓勵員工在工作上有良好績效和傑出貢獻，獎勵的方式除了物質以外，還包括精神上的鼓勵，鼓勵之作用不僅針對過去的貢獻予以表揚，更可提昇往後工作的士氣作用，以增加人才對組織之向心力；（三）發揮優點、改善缺點：優良的績效管理可使使員工清楚瞭解自己在工作表現上之優缺點，利用績效評估進行表揚、補足缺失並加強改進，此舉對個別成員的成長極其重要，更可促進組織之未來發展；（四）鼓勵團隊合作：企業的發展來自企業中每個成員的努力，藉由績效管理增加成員績效，並改善缺點，加強每位成員的能力，而主管與部屬間的合作正是使成員績效表現和潛能極大化的基礎；（五）強化自主管理能力：藉由績效管理之方式，讓員工知道自己可以加強努力的地方，另外亦有明確之績效目標可努力，以增強成員的自我管理能力。

Hartle, Everall 與 Baker（2001）認為，績效管理隱含將教職員的角色行為與學生和學校的成功相結合，設定所要達成目標與達成目標方法的共識；Piggot-Irvine（2003）指出，績效管理事宜包含所有人員管理要素的鉅觀描述；Armstrong（2004）則認為，績效管理是指藉由改善組織中個人績效，發展個人與團隊能力，以達成組織永續成功的一種策略性與統整性歷程；Pride, Hughes 與 kappor（1991）認為，績效管理是針對員工現行績效及潛在績效的評估，以便管理者能進行客觀的人力資源決策。Rue 與 Byars（1992）提到，績效管理是一包括對員工如何執行本身工作和建立改進計劃之決定和溝通過程；Bovee, Thill, Wood 與 Dovel（1993）認為，績效管理是評估對員工期望有關之績效及提供回饋的過程。

關鍵績效指標（key performance indicators, KPI）是指衡量一個管理工作成效最重要的指標，又稱主要績效指標、重要績效指標、績效評核指標

等，是一項數據化管理的工具，必須是客觀、可衡量的績效指標（Wiki, 2018a）。Niven（2002）認為，KPI 的訂定原則如下：（一）和策略連結：若選擇無法與策略連結的績效衡量指標，容易導致人員的困惑與模糊；（二）量化；量化有證據佐證，具真實性；（三）容易理解：人員理解關鍵績效指標的目的和重要性方能有效推動與執行業務；（四）可達到：關鍵績效指標的訂定必須務實且可以達成目標：（五）和行動相關聯：關鍵績效指標必須能明確的表述及評估流程，且可化為實際行動；（六）平衡：重視評鑑指標間的相互平衡避免矛盾，避免妨害策略目標的達成；（七）定義明確：每個指標要定義清楚，避免模糊。

由上可知，關鍵績效指標是衡量績效的有效工具，他必須透過與策略結合，同時具有量化、可達成目標的特性。透過關鍵績效指標的研擬，可以精準、明確的作為衡量智慧學校實施績效之依據。

作者根據上述文獻探討、實施策略與 Niemi 等人（2012）所指智慧學校實施的六個層面（彈性課程、領導與管理、學校文化的策略計畫、ICT 的投資、教學人員的能力與承諾），來規畫並檢視智慧學校與建構成效。其中 ICT 的投資須由政府層級經費的挹注，因而不列入智慧學校的檢核指標，另外學生學習成效為學校教育成果重要指標因此列入檢核指標層面，其執行檢核關鍵指標如表 8，並以實際參與智慧學校運作之相關成員做為自我檢核對象。

表 8 執行成效檢核表

目的與實施策略	層面	檢視指標	執行成效（質性與量化描述）
焦點座談	領導與管理	建構數位化學校行政的意願	
	授權教學與學習方法	建構數位化教學模式的意願	
	彈性課程	建構數位化課程教材的意願	

表 8　執行成效檢核表（續）

目的與實施策略	層面	檢視指標	執行成效（質性與量化描述）
	多元評量	建構數位化學習評量的意願	
	學校文化	建構數位化學校生活的意願	
智慧學校參訪	領導與管理	數位化學校行政的啟示	
	教學與學習方法	數位化教學模式的啟示	
	彈性課程	數位化課程教材的啟示	
	多元評量	數位化學習評量的啟示	
	學校文化	數位化學校生活的啟示	
教師學習社群	領導與管理	數位化學校行政能力的提升	
	授權教學與學習方法	數位化教學模式能力的提升	
	彈性課程	數位化課程教材能力的提升	
	多元評量	數位化學習評量能力的提升	
	學校文化	數位化學校文化的改變	
	教育人員的能力	數位化科技能力的提升	
專業發展講座	領導與管理	數位化學校行政模式的建構	
	授權教學與學習方法	數位化教學模式的建構	
	彈性課程	數位化課程教材的建構	
	多元評量	數位化學習評量的建構	
	學校文化	數位化學校生活的建構	
	教育人員的能力	數位化科技能力的提升	
	授權教學與學習方法	營造正向數位教學環境	
	授權教學與學習方法	強調創造力的思考	
	授權教學與學習方法	鼓勵學生勇於挑戰	

智慧學校

表 8 執行成效檢核表（續）

目的與實施策略	層面	檢視指標	執行成效（質性與量化描述）
資訊融入創新教學成效	授權教學與學習方法	促進學生團隊合作	
	彈性課程	重視學生融會貫通	
	彈性課程	鼓勵學生獨立思考	
	多元評量	提高學生自我評鑑	
	學校文化	融合多元文化的差異	
標竿學習	領導與管理	數位化學校行政能力的提升	
	授權教學與學習方法	數位化教學模式能力的提升	
	彈性課程	數位化課程教材能力的提升	
	多元評量	數位化學習評量能力的提升	
	學校文化	數位化學校文化的改變	
	教育人員的能力	數位化科技能力的提升	
數位教學學生學習成效 數位教學學生學習成效	授權教學與學習方法	達成教學目標（認知、技能與情意）	
	授權教學與學習方法	團隊溝通能力（團隊合作、溝通協調、夥伴關係）	
	彈性課程	自我成長（自信、分析與批判能力等）	
	多元評量	知識應用能力（動手實踐、解決問題、蒐集資訊及分析等）	
	學校文化	作品產出（書面報告、作品、學習單等）	

表 8　執行成效檢核表（續完）

目的與實施策略	層面	檢視指標	執行成效（質性與量化描述）
智慧學校目的	領導與管理	民主式教育	
	授權教學與學習方法	提升個人優勢與能力	
	彈性課程	提供全人發展	
	多元評量	具備思考與科技工作能力	
	學校文化	全員參與	
智慧化學校生活	領導與管理	數位化學校行政的成效	
	授權教學與學習方法	數位化教學模式的成效	
	彈性課程	數位化課程教材的成效	
	多元評量	數位化學習評量的成效	
	學校文化	數位化學校生活的成效	
	教育人員的能力	數位化科技能力的運用	

五、智慧學校執行進度分析規劃

　　甘特圖（Gantt Chart）是條狀圖的一種流行類型，顯示專案、進度以及其他與時間相關的系統進展的內在關係隨著時間進展的情況，是由 Henry Laurence Gantt 於 1910 年開發出。在專案管理中，甘特圖顯示專案的終端元素的開始和結束，概要元素或終端元素的依賴關係（Wiki, 2018b）。

　　由上可知，甘特圖可有效做好時間管理與進度掌控，在建構智慧學校的過程中是可加以運用的工具。智慧學校雛形的建構，若以兩個學年為例，可規劃為第一學年主要召開籌備會議、完成規畫學校文化的改造、教職員資訊科技能力的提升、數位行政、課程教學與評量的建置與資訊創新教學的示範

觀摩；第二學年則實際進入課程教學的實踐、數位行政的運作，以及持續提升數位課程、教學與行政能力，進而檢視學校數位生活的達成程度，做為日後學校永續智慧學校的發展依據。計畫進度可運用甘特圖，來進行時間管理與進度掌控，內容進度分析如圖 14，甘特圖如表 9、表 10。

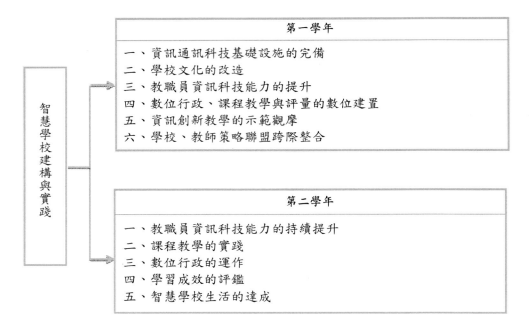

圖 14　內容進度分析

表 9　智慧學校實踐時程甘特圖（第一學年）

時間 工作項目	第一學年上半年						第一學年下半年					
	8月	9月	10月	11月	12月	1月	2月	3月	4月	5月	6月	7月
籌備會議	■											
召開焦點座談		■										
教師專業發展課程規劃		■										
成立教師專業學習社群			■									
智慧學校參訪			■									
召開教師專業學習社群				■								
教師專業發展課程講授				■								
教師專業學習社群（數位教學模式研討）				■								■
教師專業學習社群（數位學習教材研討）				■								■
教師專業學習社群（數位評量研討）				■								■
教師專業學習社群（行政數位化研討）				■								■
完成智慧校創新教學備課、觀課與議課										■		■
進行數位創新內容並上傳											■	■
期中檢討會議												■

表 10　智慧學校實踐時程甘特圖（第二學年）

工作項目\時間	第二學年上半年							第二學年下半年				
	8月	9月	10月	11月	12月	1月	2月	3月	4月	5月	6月	7月
數位創新教學預備會議	■	■										
進行數位創新教學觀課與議課（數位教學模式研討）		■	■	■	■	■	■	■	■	■	■	
教師專業學習社群（數位教學教材研討）		■	■	■	■	■	■	■	■	■	■	
教師專業學習社群（數位學習檢討）		■	■	■	■	■	■	■	■	■	■	
教師專業學習社群（數位評量研討）		■	■	■	■	■	■	■	■	■	■	
教師專業學習社群（行政數位化研討）		■	■	■	■	■	■	■	■	■	■	
資訊融入創新教學實踐		■	■	■	■	■	■	■	■	■	■	
召開資訊融入創新教學實踐檢討會		■	■	■	■	■	■	■	■	■	■	
召開智慧學校建構與實踐檢討會										■	■	
召開智慧學校生活成效檢討與展望											■	■
撰寫執行成效報告												■

第十章　結論

　　今日的學校並非因應資訊科技社會所設計，學校要在新年代持續、快速的改變，必須建構一個新的願景，這個新願景包括學校與其所處環境間關係的觀點需產生根本改變。聯合國教科文組織（United Nations Education Scientific and Cultural Organization, UNESCO）在 2012 年推出為未來而學習（Learning For the Future, LFF）計畫中，強調資訊科技在教育（Information Technologies in Education, IITE）的運用，計有十四個國家四十二所學校參與計畫（Fraser, 2014）。此計畫的推動揭示，資訊通訊科技在教育的運用，已是全球發展趨勢，學校教育當迎接此一新浪潮的降臨。

　　開放的學習系統是智慧學校發展的主要趨勢，學生透過數位開放系統取得知識，並在學生與學生、教師與教師以及學生與教師間進行分享（Helmer, 2017）。智慧學校著重使用高科技媒體來統整學習態度與學習教材，而教學軟體的使用應在實現學生的不同需要與能力，因此應廣泛取得不同的學習教材，不再只限於學校內部資源，除了圖書館、企業、家庭、政府部門還包括教育網路、網際網路與印刷品、目錄等。

　　智慧學校的有效活動，不僅在正式任務的達成，還包括非正式的訓練，Koehler 與 Mishra（2009）曾提到要將資訊科技成功地融入班級教學，必須有效地連結科技、教學與內容知識，因而需要建構科技教學知識（Technologic Pedagogical Knowledge, TPK）。根據 Kuharenko（2012）研究指出，在教育過程的整體結構中有 70% 是一種非正式的學習，只有 30% 是一種正式的學習。因此，將網路、教師與課程教材做最佳連結，將是智慧學

校課程教學成功的重要途徑。Klichowski、Bonanno、Jaskulska、Costa、Lange 與 Klauser（2015）研究指出，智慧教育的實踐，有助於學生積極並創造建立自己的學習經驗，在學習過程中教師成為學習的引導者，改變教師從傳統知識傳遞者的角色，進入知識的搜尋者與建構者。教師主要角色是經由建立學習誘因去鼓勵學生從事學習。

　　然而智慧學校的實施過程中，亦有其需克服的阻力，Ertmer（1999）談到，資訊科技融入班級教學將面臨雙重障礙，第一層障礙包括電腦軟硬體設施的缺乏、教學計劃、教學時間與使用資訊通訊科技時間的不足、不適當的技術訓練與行政支持不足等障礙；第二層障礙則來自學校文化，教師對於過去教學信念與價值的堅持無法進行立即性與明顯性的改變，而 Dede（2008）進一步指出，克服第二層障礙比克服第一層障礙更加困難，因為它牽涉更多教師個人情感的連結，諸如教師缺乏意願、不願使用資訊通訊科技去改變他們的教學與學習。

　　另智慧學校的革新亦存在著另一個挑戰，首先是鄉村與都會學校地理位置的不同，在資訊通訊科技的取得有所差異；其次是資訊通訊科技基礎設施的連結（Ming, Hall, Azman 與 Joyes, 2010）。Multimedia Development Corporation（2005）指出，在智慧學校中，由於在執行過程中缺乏監控與支持，因而教師無法以嚴謹的態度來落實教學與學習；Lee（2007）研究發現，在智慧學校的革新中，由於（一）缺乏學習新課程的時間與機會，將使得教師與學生在數位教學與學習面臨極大的挑戰；（二）教師缺乏持續專業發展的相關的訓練機會；（三）缺乏學校行政部門持續的承諾與支持，將使得智慧學校的推動產生困境。

　　從上述國外相關研究與論述可知，智慧學校的建構，當能為教師、學生與學校帶來革新的效益，但不可諱言地，在實施過程中亦可能產生些許困境。因此，在智慧學校理論基礎的建構外，學校實務現場的推動亦可能存在有待克服的問題：

　　首先，推動智慧學校時應積極瞭解學校資訊科技基礎設施建構狀況，而

除瞭解該校資訊科技基礎設施外，由於學校人員仍習慣於傳統教學模式，將資訊科技運用於學校事務上顯得陌生。因此學校文化的改變與學校領導者的支持都將影響智慧學校能否有效實施的關鍵。本書建議透過標竿學習、焦點座談與受試學校相關人員進行智慧學校理念的溝通，以提升學校人員參與意願進而改變學校文化是必要之策略。

其次，在解決上述學校端的基本問題後，學校人員資訊科技與數位教學及教材設計的增能，成為智慧學校能否實施成功不可或缺的因素。本書建議有效規劃學習社群、專業發展講座，引進學界與業界人員進行理論課程講授與實務課程運用，提供學校人員有效運用科技於學校事務的能力，並透過教師學習社群進行知識的創新、實踐、擴散與分享，永續學校實施智慧學校的成果，當為可行之方略。

再者，智慧學校課程教材與教學模式之規劃、製作與成效：如教案設計、學習單、教學與學習作品等；本書建議經由專業發展、學習社群、焦點座談與標竿學習去提升學校人員的知識與能力，並時時做好反省、改進與創新，提升課程與教學成效等。

總之，智慧學校的推動不僅是社會環境變遷下的產物，亦是全球教育發展的趨勢，智慧學校的建構從計畫擬定、過程實施到執行成效評估與回饋，需經過數年的努力方能逐步完成。若能藉由政府政策的引導，經費與資源的挹注，相信對於智慧學校的實踐將有推波助瀾之效。

參考書目

一、中文部分

王為國（2000）。**國民小學應用多元智能理論的歷程分析與評估之研究**（未出版博士論文）。國立臺灣師範大學，臺北。

王為國（2001）。多元智能教學的課程設計。**課程與教學季刊**，5（1），1-20。

王春生（2004）。教師專業成長資訊融入教學提昇學生學習。**北縣教育**，50，55-58。

王正珠（2001）。**幼稚園教師運用多元智能理論之歷程研究**（未出版碩士論文）。國立新竹師範學院，新竹。

何福田（2010）。**三適連環教育**。臺北：師大書苑。

何榮桂（2002）。資訊融入教學的意義與策略。**資訊與教育雜誌**，88，1-2。

沈瑞婷（2010）。**臺北縣 K-12 數位學校教師進修網路課程學習滿意度與學習績效之研究**（未出版碩士論文）。國立臺灣師範大學，臺北。

李坤崇（2006）。**學習評量**。臺北：心理。

李冠嫻（2007）。**國民小學校長培育課程與校長績效管理能力之研究**（未出版碩士論文）。國立政治大學，臺北。

呂鍾卿（2000）。**國民小學教師專業成長的指標及其規劃模式之研究**（未出版之博士論文）。國立高雄師範大學，高雄。

余民寧（2006）。影響學習成就因素之探討。**教育資料與研究雙月刊**，73，11-24。

智慧學校

林生傳（1991）。現階段臺灣社會變遷與教學的改進與革新策略。載於中國教育學會（主編），**教育變遷與社會發展**（頁 459-482）。臺北：臺灣書局。

林志成（2011）。課程發展與課程領導的行動智慧。**教育資料與研究雙月刊**，102，175-202。

林進山（2016）。建構智慧校園永續發展的實務。**教師天地**，1（3），1-12。

吳清山（1992）。教師效能研究之探討。載於國立政治大學教育研究所主編，**教育研究與發展**（頁 185-205）。臺北：臺灣書局。

吳清山與林天祐（2005）。**教育新辭書**。臺北：高等教育。

吳婉瑜（2012）。**宜蘭縣國民小學教師在職進修方式與教師效能之研究**（未出版之碩士論文）。國立東華大學，花蓮。

吳清基（1995）。**教師與進修**。臺北：師大書苑。

吳致維與林建仲（2009）。互動式電子白板在國小教學之探討。**生活科技教育月刊**，42（6），14-25。

吳重謙（2004）。從推動「資訊融入教學」經驗談教師專業成長。**北縣教育**，50，80-83。

林蘭櫻（2004）。**國民小學教師專業成長策略與教師效能之研究**（未出版之碩士論文）。國立臺灣師範大學，臺北。

紀雅真（2007）。**國民中學音樂學習評量實施現況之校學研究**（未出版之碩士論文）。國立東華大學，花蓮。

徐新逸與吳佩謹（2002）。資訊科技融入教學的現代意義與具體作為。**教學科技與媒體**，59，63-73。

徐新逸（2002）。教學科技融入領域學習。載於張霄亭（主編），**教學科技融入領域學習**（pp. vii-x）。臺北：學富文化。

徐瑞奎（2004）。教師專業成長：資訊融入教學：以自然與生活科技領域為例。**北縣教育**，50，71-75。

袁媛與許錦芳（2007）。資訊融入教學對國中資源班數學低成就學生學習影

響之個案研究，**教育科學期刊**，7（1），36-56。

莊文忠（2008）。績效衡量與指標設計：方法論上的討論。**公共行政學報**，29，61-91。

郭生玉（2004）。**教育測驗與評量（修訂第一版）**。臺北：東華。

郭靜姿、何榮桂（2014）。翻轉吧教學。**臺灣教育**，686，9-15。

臺灣教育當局（2008）。**中小學資訊教育白皮書**。擷取自 www.edu.tw/files/site_content/B0010/97-100year.pdf

臺灣教育當局（2014）。**十二年國民基本教育課程綱要**。擷取自 file:///C:/https://www.naer.edu.tw/ezfiles/0/1000/attach/87/pta_5320_2729842_56626.pdf

臺灣教育當局（2017）。**臺灣教育當局 106 年度國中小行動學習推動計畫全國示範觀摩研習**。擷取自 http://center.lmjh.tc.edu.tw/academic/information/Lists/Announce/Attachments/482 臺灣教育當局 106 年度國中小行動學習推動計畫全國示範觀摩研習.pdf

臺灣教育當局（2018）。**臺灣教育當局「資訊科技融入教學創新應用團隊」暨「行動學習優良學校及傑出教師」頒獎典禮**。擷取自 https://www.edu.tw/News_Content.aspx?n=9E7AC85F1954DDA8&s=F9B2C6846F3B4351

陳木金與楊念湘（2008）。**優質學校行政管理對校長領導與學校經營的啟示**。國立屏東教育大學「2008 教育經營與產學策略聯盟國際學術研討會」論文集，屏東：國立屏東教育大學。

陳秀琪（2012）。**宜蘭縣國小教師在職進修動機與教學效能關係之研究**（未出版之碩士論文）。國立東華大學，花蓮。

曾淑惠（2015）。翻轉教學的學習評量。**臺灣教育評論月刊**，4（4），8-11。

葉木水（2003）。**國小教師對在職進修法制與進修內容之研究**（未出版之碩士論文）。屏東教育大學，屏東。

高博銓（2008）。學校學習社群的發展與挑戰。**中等教育**，59，4，8-20。

曾秀珠（2017）。**智慧教育之教師專業展模式一以一所新北市國民小學為例**。106 校務經營個案研究實務研討會成果集。臺北：國家教育研究院。

張春興（2007）。**教育心理學：三化取向的理論與實踐**（重修二版）。臺北：東華。

張奕華、王緒溢、吳權威、吳宗哲與韓長澤（2011）。**教學科技與創新教學-理論與案例**。臺北：網奕資訊。

張奕華與吳權威（2014）。**智慧教育：理念與實踐**。臺北：網奕資訊。

張奕華與吳權威（2017）。**智慧教育之教師專業發展：理念與案例**。臺北：網奕資訊。

張奕華（無日期）。**SMART 教育與「思考力」智慧學校**。擷取自 http://www.estmue.tp.edu.tw/~estmtc_f/101change/

張麗麗（2002）。藝術與人文領域的學習評量。黃王來（主編），**藝術與人文教育下冊**（頁 579-636）。臺北：桂冠。

張慶勳（2006）。**學校組織文化與領導**。臺北：五南。

張基成與王秋錳（2008）。臺北市高職教師資訊科技融入教學之影響因素。**教育實踐與研究，21**（1），97-132。

張梅鳳（2004）。資訊融入生物科教學之教材製作與教學策略初探。**圖書館學與資訊科學，30**（1），55-65。

張郁雯（2016）。評量 21 世紀的技能──如何評量學習力。**T&D 飛訊**，217，1-20。

智庫百科（無日期）。**智慧校園**。擷取自 http://wiki.mbalib.com/zh-tw/%E6%99%BA%E6%85%A7%E6%A0%A1%E5%9B%AD

黃政傑（2014）。翻轉教室的理念、問題與展望。**臺灣教育評論月刊，3**（12），161-186.

黃國禎（2015）。**翻轉教室一理論、策略與實務**。臺北：高等教育。

黃強倪（2002）。企業水平競合分析模式之發展與運用一以大型購物中心為

例（未出版碩士論文）。國立成功大學，臺南。

黃淑苓（2002）。「學生為中心」的學習評量。**科學教育**，1（2），3-24。

網奕資訊（2018）。**TEAM Model 智慧教育**。擷取自 http://www.habook.com. tw/eTeaching/about.aspx?HtmlName=media

鄭彩鳳（2004）。教育的績效責任與執行。**教育研究**，124，5-21。

鄭秋貴（2005）。**國民小學實施績效管理之研究**（未出版碩士論文），臺北市立師範學院，臺北。

鄭瀛川（2005）。**績效管理練兵術：企業主管績效評估萬用手冊**。臺北：汎果文化。

蔡金田（2005）。新世紀的學校教育與領導。**臺灣教育雙月刊**，**635**，20-23。

蔡金田（2009）。形塑未來的教育領導者。**教育學術彙刊**，**2**（2），15-37。

蔡金田（2013a）。校長在校園學習社群的認知與實踐探究──八所國小校長的經驗。**教育學術彙刊**，**5**，59-82。

蔡金田（2013b）。國民小學學習社群理論層面建構與實證分析之探究。**東海教育評論**，9，24-49。

蔡金田與林群翔（2016）。國民小學教師專業發展活動需求類型與內涵之研究。**教師學術彙刊**，**8**，31-65。

蔡進雄（2003）。學校領導的新思維──建立教師學習社群。**技職及職業教育雙月刊**，**78**，42-46。

蔡俊旭（2004）。**標竿學習在國民中學運用之研究**（未出版之碩士論文）。國立中正大學，嘉義。

蔡祈賢（2011）。標竿學習及其在政府部門的實施。**T&D 飛訊**，**129**，1-25。

賴阿福（2014）。資訊科技融入創新教學之教學策略與模式。**國教新知**，**61**（4），28-45。

劉世雄（2000）。**教師運用電腦融入教學決定歷程之研究**。國立臺北師範學

院（未出版碩士論文），臺北。

劉怡甫（2013）。翻轉課堂——落實學生為中心與提升就業力的教改良方。**評鑑雙月刊，41**，31-34。

歐滄和（2006）。**教育測驗與評量（出版四刷）**。臺北：心理。

羅志仲（2014）。翻轉教室翻轉學習。**師友月刊，563**，20-24。

饒見維（2003）。**教師專業發展：理論與實務**。臺北：五南。

二、英文部分

American Association of School Administrators (2001). *The school Leadership Challenge. Strategies-for school system leaders on district-level change.* Retrieved from http://www.aasa.org/publications/strategies/index.htm

Angeli, C., & Valanides, N. (2008). *TPCK in pre-service teacher education: Preparing primary education students to teach with technology.* Retrieved from http://citeseerx.ist.psu.edu/viewdoc/download?doi=10.1.1.476.5467&rep=rep1& type=pdf

Argote,L.&Miron-Spektor, E.(2011).Organizational learning: From experience to knowledge.*Organization Science, 22*(5), 1123-1137.

Armstrong, M. (2004). *Performance management: Key strategies and practical guidelines (2nd.)*. London: Kogan Page.

Attaran, M. & Saedah, S. (2010). *Smart school: Toward better performance.* Retrieved from http://www.iet-c.net

Australian National Training Authority (2003). *What are the conditions for and characteristics of effective online learning communities?* Retrieved from http://flexiblelearning.net.au/guides/

Azian, T. S. (2006). *Deconstructing secondary education: The Malaysian smart school initiative.* Retrieved from http://www.seameo-innotech.org/ic06/

download/Azian%20Abdullah%20-20full%20paper.doc

Azizah, J. (2006). *The usability of Malaysian smart school courseware: Users' satisfaction perception and usage aspect.* Retrieved from http://www. ftsm.ukm.my/aj/Proceedings.html

Bahngian Teknologi Pendidikan Kementerian Pelajaran Malaysia (n. d.). *The Malaysian smartschools: Developing 21stcentury skills.* Retrieved from http://www.jaet.jp/katudou/seminar_ict/Malaysia.pdf

Barhate, S. M. & Narale, S. (2015). Cloud based teaching and learning environment for smart education. *International Journal on Recent and Innovation Trends in Computing and Communication, 3*(2), 38-41.

Barrett, A. & Beeson, J. (2002). *Developing business leaders for 2010.* New York: The Conference Board.

Bassi & Van Buren (1998). Creating measurement standards for the training industry. *American Society for training & development, 45,* 231-240.

Bergmann, J., & Sams, A. (2012). *Flip your classroom: Reach every student in every class every day.* US: International Society for Technology in Education

Bezdolny, A. V. (2017). *Model of e-learning course as a means of organizing the self-training.* Retrieved from http://cyberleninka.ru/article/n/model-elekronnogo-kursa-kak-sredstva-organizatsii-samostoyatelony-podgotovki

Bigge, J. L., Stump, C. S., Spagna, M. E., Silberman, R. K. (1999). *Curriculum, assessment, and instruction for students with disabilities. Belmont.* CA: Wadsworth.

Binkley, M., Erstad, O., Hermna, J., Raizen, S., Ripley, M., Miller-Ricci, M., & Rumble, M. (2012). Defining Twenty-First Century Skills. In Griffin, P., Care, E., & McGaw, B. (Eds.). *Assessment and Teaching of 21st*

Century Skills, Dordrecht, Netherlands: Springer.

Bossidy, L., & Charan, R. (2002). *Execution: The discipline of getting things done.* US: Crown Publishers.

Bovee, Thill., Wood. & Dovel. (1993), *Discretionary effect and organization of work: Employee participation and work reforms since Hawthorne.* New York,: Columbia University

Brady, L. (1987). *Curriculum development (2nd Ed.).* Sydney, Australia: Prentice Hall.

Brame, C. J. (2013). *Flipping the Classroom.* Retrieved from http://cft.vanderbilt.edu/guides-sub-pages/flipping -the-classroom/.

Brewer, j. & Dominic, D. (1993). Principal and student outcomes: Evidence from U.S. HIGH SCHOOL. *Economic and education Review, 12*(4), 281-292.

Broad, M. L., & Newstrom, J. W. (1992). *Transfer of training: Action-packed strategies to ensure high payoff from training investments.* Reading, MA: Addison-Wesley.

Broome, G. H. & Hughes, R. L. (2004). Leadership development: Past, present, and future. *Human Resource Planning, 27,* 24-32.

Bruner, J. S. (1960). *The process of education.* New York: Vintage Books.,

Campbell, C. M. & Cabrera, A. F. (2014). Making the mark: Are grades and deep learning related? *Higher Education, 55*(5), 494-507.

Cascio, W. F. (2003). *Managing human resources 6th edition: productivity, quality of work life, profits.* New York: Mc-Graw Hill.

Chaplin S. (2009). Assessment of the impact of case studies on student learning gains in an introductory biology course. *Journal of College Science Teaching, 39,* 72-79.

Choi, B. K. & Rhee, B. S. (2014). The influence of students engagement, institution mission, and cooperative learning climate on the generic compentence development of Korean undergraduate students. *Higher Education, 67*(1), 1-18.

Clark, K. (2006). Practices for the use of technology in high schools: A Delphi Study. *Journal of Technology and Teacher Education, 14*(3), 481.499.

Coalition for Community Schools (2009). *Turning the curve on high school dropouts.* Retrieved from http://www.communityschools.org

Cormican, K., & O'Sullivan, D.(2003). A collaborative knowledge management tool for product innovation management. *International Journal of Technology Management, 26*(1), 53-68.

Cuban, L., Kirkpartrick, H., & Peck, C. (2001). High access and low use of technology in high school classrooms: *Explaining an apparent paradox. American Educational Research Journal, 38*(4), 813-834.

Danielson, C. & Abrutyn, L. (1997). *An introduction to using portfolios in the classroom.* Alexandria, Egypt: Association for Supervision and Curriculum Development.

Darling-Hammond, L., & Richardson, N. (2009). Teacher Learning: What Matter? *Educational Leadership, 66*(5), 46-53.

Day, C. (1999). Developing teachers: *The challenge of Lifelong learning.* London: Falmer press.

Dede, C. (2008). *Learning with Technology: The 1998 ASCD Year-book.* Virginia, VA: Association for Supervision and Curriculum Development.

Department of Education and Training. (2017).*Smart classrooms strategy for 2011-2014.* Retrieved from http://www.education.qld.gov.au/ smartclassrooms/documents/strategy/pdf/smart-classrooms-strategy.pdf

Deniso, D. R. &Mishra, A.K. (1995). Toward a theory of organization culture and effectiveness. *Organization Science, 6*(2), 204-223.

Doering, A., Hughes, J., & Huffman, D. (2003). Preservice teachers: Are we thinking with Technology? *Journal of Research on Technology in Education, 35*(3), 342-363.

Duff A, Boyle, E., Dunleavy, K. & Ferguson, J. (2004). The relationship between personality, approch to learning and academic performance. *Personality and Individual Difference, 36*(8),1907-1920.

El-Halawany, H. & Huwail, E. I., (2008). Malaysian smart schools: a fruitful case study for analysis to synopsize lessons applicable to the Egyptian context. *International Journal of Education and Development using Information and Communication Technology, 4*(2), 117-143.

Ertmer, P. A. (1999). Addressing first- and second-order barriers to change: Strategies for technology integration. *Educational Technology Research and Development, 47*(4), 47-61.

European Communities. (2007). *Key competencies for lifelong learning – A European Framework*. Luxembourg: Office for Official Publications of the European Communities.

Evelyn, C. (2014). *Newyork smart school commission report*. Retrieved from https://assets.documentcloud.org/documents/1347397/smartschoolsrepo rt.pdf

Fraser, J. (2014).*Bashkortostan: Smart school work for the future*. Retrieve from http://unesdoc.unesco.org/images/0023/002303/230362E.pdf

Fisher, E. M. (1997). *A cross case survey of research based on Howard Gardner's theory of multiple intelligences* (Doctoral dissertation). University of South Carolina. (AAC 9815503)

Fredriksson, U. (2015). *Learning to learn – what is it and can it be measured?* Retrieved from http://publications.jrc.ec.europa.eu/repository/bitstream/ JRC46532/learning%20to%20learn%20what%20is%20it%20and%20ca n%20it%20be%20measured%20final.pdf

Fullan, M. (1991). *The new meaning of education change.* London: Cassell.

Fullan, M. (2003). *The hope for leadership in the future.* Canada: Toronto University press.

Gardner, H. (1983). *Frames of mind: The theory of multiple intelligences.* New York: Basic Book Inc.

Gardner, H., & Hatch, T. (1989). Multiple intelligences go to school: Educational implications of the theory of multiple intelligences. *Educational Researcher, 18*(8), 4-9.

Gardner, H. (1997). Is there a moral intelligence? In M. Runco (Ed.), *The creativity research handbook.* Cresskill, NJ: Hampton Press.

Gardner, H. (1999). *The disciplined mind: What all students should understand?* New York: Simon & Schuster.

Ghavifekr, .S, Hussin, S., & Ghani, M. F. (2011). The process of Malaysian smart police cycle: A qualitative analysis. *Journal of Research and Reflections in Education, 5*(2), 83-104.

Gilboy, M. B., Heinerichs, S., & Pazzaglia, G. (2015). Enhancing Student Engagement Using the Flipped Classroom. *Journal of nutrition education and behavior, 47*(1), 109-114.

Gnedkova, O., & Lyakutin, V. (2011). Methodological recommendations of internet-services usage in distance learning system "kherson virtual university". *Information Technologies in Education, 10,* 183-187

Goldsmith, M. (2005). *Building Partnerships.* Retrieved from http://www.marshallgoldsmith.com.

Gosmire, D., & Grady, M. L. (2007). A bumpy road: Principal as technology leader. *Principal Leadership, 6,* 16-21.

Green, M. & Cifuntes, L. (2008). An exploration of online environments supporting follow-up to face-to-face professional development. *Journal of*

Technology and Teacher Education, 16(3), 283-306.

Grossman, P. L., Wineburg, S., & Woolworth, S. (2000). *The formation of teacher community: Standards for evaluating change.* Paper presented at the annual meeting of the American Educational Research Association, San Diego, CA.

Grzybowski, M. (2013). Educational technologies in South Korea. *General and Professional Education, 1*, 3-9.

Gullickson, A., R. (2000). *The need for student evaluation standards.* Retrieved from http://www.jcsee.org/wp-content/uploads/2009/09/SESNeed.pdf

Halim, A. H. A., Zain, M. Z. M., Luan, W. S., & Atan, H. (2005). The taxonomical analysis of science education software in Malaysian Smart Schools. *Malaysian Online Journal of Instructional Technology, 2*(2), 106-113.

Hallinger, P. (2001). *School leadership development: sate of the art at the turn of the century.* Paper presented at the International conference on school leader preparation, licensure/Certification, selection, evaluation, and professional development, Taipei, Taiwan.

Hanan, EL-H. & Enas, I. H. (2008). Malaysian smart school: A fruitful case study to synopsize lessons applicable to the Egyptian context. International *Journal of Education and Development using ICT, 4*(2), 1-10.

Hannafin, M., Hannafin, K. and Gabbitas, B. (2009). Re-examining Cognition during Student Centered, Web-based Learning. *Educational Technology Research & Development, 57* (6), 767-785.

Harnell-Young, E. (2006). Teachers' roles and professional learning in communities of practice supported by technology in schools. *Journal of Technology and Teacher Education, 14*(3), 461-480.

Harris, A. (2002). *Teachers' leadership and school improvement.* Retrieved from http://education.usm.my/oldppip/images/docs/DigesPendidik/DP2005-

1/10.pdf

Hargreaves, D.H. (1993). A common-sense model of the professional development. In J. Elliott (Ed.), *Reconstructing Teacher Education: Teacher Development* (pp. 86-94). London, England: The Falmer Press.

Hartle, F., Everall, K., & Baker, C. (2001). *Getting the best out of performance management in your school*. London: Kogan Page.

Hautamäki, J., Arinen, P., Eronen, S., Hautamäki, A., Kupianien, S., Lindblom, B., Niemivirta, M., Pakaslahti, L., Rantanen, P. and Scheinin, P.(2002). *Assessing Learning-to-Learn: A Framework*. Helsinki: Centre for Educational Assessment, Helsinki University / National Board of Education.

Hautamäki, J., Kupiainen, S.(2014). Learning to Learning in Finland. In Deakin Crick, R., Stringer, C. & Ren, K. (Eds.). *Learning to Learn International Perspectives from Theory and Practice*. London: Routledge.

Hayes, M. (2010). *Why professional development matters*. Oxford, OH, England: Learning Forward.

Helmer, J. (2017). *A pair of key trends for this year learning*. Retrieved from http://www.smart-edu.com/moocs-and-oa.html

Hopkin, D., West, M. & Ainscow, M. (1996). *Improving the quality of education for all*. London: David Fulton.

Hoskins, B. & Fredriksson, U. (2008). *Learning to learn: What is it and can it be measured? Ispra: Center for Research on Lifelong Learning*. Retrieved from: http://publications.jrc.ec.europa.eu/repository/bitstream/

Hummel, E. & Randler, C. (2012). Living animals in the classroom: A meta-analysis on learning outcome and a treatment-control study focusing on Knowledgeand motivation. *Journal of Science Education and Technology, 21*(1), 95-105.

Hung, H. T. (2015). Flipping the classroom for English language learners to foster active learning. *Computer Assisted Language Learning, 28*(1), 81-96

International Business Machines Corporation. (2017). *Smart education.* Retrieved from file:///C:/Users/Tsai/Downloads/Smarter%20Planet%20POV%20-%20Education.pdf:/Users/Tsai/Downloads/Smarter%20Planet%20POV%20-%20Education.pdf

ICT IRELAND (n. d.).*Smart school= Smart economy.* Retrieved from https://www.into.ie/ROI/Publications/OtherPublications/OtherPublicationsDownloads/SmartSchools=SmartEconomy.pdf

Igoe, D., Parisi, A., & Carter, B. (2013). Smart phone as tools for delivering sun-smart education to students, teaching science. *The Journal of the Australian Science Teachers Association, 59*(1), 36-38.

Inae, K., Byungno, L. & Jungyoung, P. (2012). Explore conceptual structure and teaching and learning strategies of smart education. *Educational Research Methods, 24*(2), 283-303.

Jalali, M., Bouyer,., Arasteh, B. & Moloudi,M. (2013). The effect of cloud computing technology in personality and education improvements and its challenges. *Educational Technology and Society, 13*(3),78-92.

Jang, S. (2014). Study on service models of digital textbooks in cloud computing environment for smart education. *International Journal of U- & E-Service, Science & Technology, 7*(1), 73-82.

Jeong, J. S., Kim, M., & Yoo, K. H. (2013). A content oriented smart education system based on cloud computing. *International Journal of Multimedia and Ubiquitous Engineering, 8*(6), 313-328.

Jung. A. (2011). *Get to know Engkey and Kibot! South Korea's Most Famous Education Robots, Advanced Technology Korea.* Retrieved from http://www.advancedtechnologykorea.com/6372

Kamarudin, S. K., Abdullah, S. R. S., Kofli, N. T., Rahman, N. A., Tasirin, S. M., & Jahim, J.(2012). Communication and teamwork skills in student learning process in the university. *Procedia-Social and Behavioral Sciences, 60*, 472-478.

Kyro, P. (2003). Revising the concept and forms of. Benchmarking. *International Journal, 10*(3), 210-225.

Karakowsky, L. (*1999*). The role of trainee and environmental factors in transfer of training: an exploratory framework. *Leadership & Organization Development Journal, 20*(5), 268-276,

Khatoon, B. (2007). Malaysia's experience in training teachers to use ICT, In E. Meleisea, (Ed.), *ICT in Teacher Education: Case Studies from the Asia-Pacific Region.* (pp. 10-12). Bangkok: UNESCO Publication.

Khalili, M. Arash, & Takagi, Akiko. (2010). Implementing Effective Professional Development Activities. *Hwa Kang English Journal, 16*, 1-29.

Kim, C., Kim., M. K., Lee, C., Spector, M., & DeMeester, K. (2013). Teacher beliefs and technology integration. *Teaching and Teacher Education, 29*, 76-85.

Kim, B. H., & Oh, S.Y. (2014). A study on the smart education system based on cloud and n-screen. *American Journal of Educational Research, 15*(1), 137-143.

Kim, M. K., Kim, S. M., Khera, O., & Getman, J. (2014). The experience of three flipped classrooms in an urban university: an exploration of design principles. *Internet and Higher Education, 22*, 37-50.

Kirschner, P., & Davis, N. (2003). Pedagogic benchmarks for information and communications technology in teacher education. *Technology, Pedagogy and Education, 12*(1), 125- 147.

Klichowski, M., Bonanno, P., Jaskulska, S., Costa, C. S., Lange, M., & Klauser, F.

R. (2015). CyberParks as a new context for smart education: theoretical background, assumptions, and pre-service teachers' rating. *American Journal of Educational Research, 3*(12), 1-10.

Koehler, M. J. &Mishra, P. (2009). What is technological pedagogical content knowledge? *Contemporary Issue in Technology and Teacher Education, 9*(1), 60-70.

Koshan, H. (2007). *Multimedia school, steps toward smart school.* Tehran: Tarbiat Moalem.

Krueger, R, A. (2002). *Designing and Conducting Focus Group Interviews.* Retrieved from: http://www.eiu.edu/~ihec/Krueger-FocusGroupInterviews. pdf

Kuharenko, V. M. (2012). Formal, informal, informal and social studies. *Modern Educational Technology in Education*, 114-124.

Kurland, H., Peretz, H., & Hertz-Lazarowitz, R. (2010). Leadership style and organizational learning: The mediate effect of school vision. Journal of Educational Administration, 48, 7-30.

Kyusung, N., Sunghwan, J. & Jintaek, J. (2011). An exploratory study on the concept of the smart learning and implementing conditions. *The Journal of digital police & management, 9*(2), 79-88.

Lai, C. L., & Hwang, G. J. (2014). Effects of mobile learning time on students' conception of collaboration, communication, complex problem-solving, meta-cognitive awareness and creativity. *International Journal of Mobile Learning and Organisation, 8*(3), 276-291.

Lam, Y. L. (2001).*Balancing changes and stability: Implications for professional preparation and development of Hong Kong principals.* Paper presented at theInternational conference on school leader preparation, Licensure/ Certification, selection, evaluation, and professional development.

Taipei, Taiwan.

Larry, L. (1997), Leading with vision, (ERIC Document Reproduction Service No. ED412592).

Leeper, J. E. (1996). *Early steps toward the assimilation of the theory of multiple intelligences into classroom practice:four case studies* (Unpublished doctoral dissertation), Temple University, US.

Linn, R. L. & Gronlund, N. E. (2000). *Meaeurement and assessment in teaching (8th. Ed)*. Upper Saddle River, NJ: Prentic-Hall.

Linn, R. L. & Miller, M. D. (2005). *Meaeurement and assessment in teaching (7th. Ed)*. Englewood Cliffs, NJ: Prentic-Hall.

Lee, K. W. (2007). *ESL teacher professional development and curriculum innovation: The case of the Malaysian smart school project.* (Unpublished doctoral dissertation), Lancaster University, UK.

Lock, J. (2006). A new image: Online communities to facilitate teacher professional development. *Journal of Technology and Teacher Education, 14*(4), 663-678.

Lubis, M. A. (2009). *The Integration of ICT in the Teaching and LinnLearning Processes: A Study on Smart School of Malaysia.*US: Proceedings of the 5th WSEAS/IASME International Conference on Education Technologies.

Mahani, W. (2006). *Usage of electronic information sources and services by teachers at smart schools in Selangor: Towards developing digital school resources centers* (Unpublished master thesis), Fakulti Sains Komputer dan Teknologi Maklumat, Universiti Malaya, Kuala Lumpur.

Marshall, H. W. (2013). *Three reasons to flip your classroom*. Retrieved from http://www.slideshare.net/lainemarsh/3-reasons-to-flip-tesol-2013-32113

Marshall, H. W., & Dec, A, A. (2014). *Making the Transition: Culturally Responsive Teaching for Struggling Language Learners*. Ann Arbor, MI: University

智慧學校

of Michigan Press.

Mayer, R. E. (2009). *Learning and Instruction*. Upper Saddle River, NJ: Pearson/ Merrill/ Prentice Hall.

McAuley, A., Stewart, B., Siemens, G., & Cormier, D. V (2017). *The MOOC Model for digital practice*. Retrieved from http://www.elearnspace.org/ Articles/MOOC_Final,pdf

Measuring the Information Society (2012). *Committed to connecting the world*. Retrieved from http://www.itu.int/dms_pub/itu-d/opb/ind/dD-IND-ICTOI-2012-SUM-PDF-R.pdf

Merriam, S. B. & Leahly, B.(2005). Learning transfer: Areview of the research in adult education and training. *PAACE Journal of Lifelong Learning, 14*,1-24.

Ming, T.S., Hall, .C. Azman, H. & Joyes, G. (2010). Supporting smart school teachers'continuing profession development in and through ICT: A model for change. *International Journal of Education and Development using Information and Communication Technology, 6*(2), 5-20.

Mishra, P., & Koehler, M. J. (2006). Technological pedagogical content knowledge: A new framework for teacher knowledge. *Teachers College Record, 108*(6), 1017-1054.

Mohamad, M (1996). *The Malaysian Smart Schools: Developing 21st Century Skills*. Retrieved from http:// smart%20education/Malaysia.pdf

Moreno, A., and Martín, E. (2014). The Spanish approach to learning to learn. In Deakin Crick, R., Stringer, C. & Ren, K. (Eds.). *Learning to Learn: International Perspectives from Theory and Practice*. London: Routledge.

Morgan, D. L. (1998). *The focus group guidebook*. Thousand Oaks, CA: Sage.

Morze, N. V. & Glazunova, O. G. (2017). *What should be E-learning course for smart education*. Retrieved from http://ceur-ws.org/Vol-1000/ICTERI-2013-p-411-423-MRDL.pdf

Marshall, H. W. & DeCapus, A. (2014). *Making the transition: Culturally responsive teaching for struggling language learners*. Ann Arbor, MI: University of Michigan Press.

Multimedia Development Corporation. (2005). *The Smart school roadmap 2005-2020: An education Odyssey*, Ministry of Education, Kuala Lumpur.

Musallam, R. (2010). *The effects of screen casting as a multimedia pre-training tool to manage the intrinsic load of chemical equilibrium instruction for advanced high school chemistry students* (Unpublished doctoral dissertation). University of San Francisco, America.

Myers, C. B. & Myers, L. K. (1990). *An introduction to teaching and schools*. Fort Worth: Holt Rinehart and Winston, Inc.

Nadler, L. (1984). *Corporate Human Resource Development*. New York: Van Nostrand Reinhold

National College for School Leadership, NCSL. (2001).*NCSL Leadership development*. Retrieved from http: //www.ncsl.org.uk/index.cfm?pageID =1dev-index.

Nedungadi, O. & Raman, R. (2012). A new apporach to personalization: Intergrating e-learning and m-learning. *Educational Technology Research and Development, 60*(4), 659-678.

Niemi, H., Kynaslahti, H. & Vahtivuori-Hanninen, S. (2012). Toward ICT in everyday life in Finnish school: seeking conditions for good practice. *Learning Media and Technology*, 1-15.

Niven, P. R. (2002). *Balanced Scorecard step by step: Maximizing performances and maintaining results.* US: John Wiley & Sons Inc.

Noe, R. A. (2002). *Transfer of Training.* Retrieved from http://fisher.osu.edu/mhr./

faculty/noe/Mhr855/ c13.ppt

Norhasni, N.Z. (2009). Review the implementation of the smart svhools and the training of bestari teachers in Malaysia. *The Journal of International Social Research, 2*(6), 567-574.

O'Dowd, D. K., & Aguilar-Roca, N. (2009). Garage demos: using physical models to illustrate dynamic aspects of microscopic biological processes. *CBE Life Science Education, 8,* 118-122.

Oleson, A. & Hora, M. T. (2014). Teaching the way they are taught? Revisiting the sources of teaching knowledge and the role prior experience in shsping faculty teaching practice.*Higher Education, 68*(1), 29-45.

Oliva, P. E. (1992). *Developing the curriculum (3rd Ed.)*. New York: Harper Collins.

Organization for Economic Co-operation and Development (2005). *Forum on education and social cohesion, Dublin*. Retrieved from http://www. math.org.cn/forums/index.php?showtopic=38690-25k

Paris, S. G., Lipson, M. Y. & Wixson, K. (1983). Becoming a strategic reader. *Contemporary Educational Psychology, 8*, 293-316.

Partnership of 21st Century Learning. (2015). *P21 Framework Definitions*. Retrieved from http://www.p21.org/storage/documents/docs/P21_Frame work_Definitions_New_Logo_2015.pdf

Pawlowski, J. M., & Hoel, T (2012). *Toward a global policy for open education resources: The Paris OER declaration and its implications*. Retrieved from http://www.academia.edu/2495941/Towards_a_Global_Policy_ for_Open_Educational_Resources_The_Paris_OER_Declaration_and_it s_Implications

Perrott, E. (1991). *Effective teaching: A practical guide in improving your teaching*. London: Longman Group UK Limited.

Piggot-Irvine, E. (2003). Key feature of appraisal effectiveness. The International *Journal OF Educational Management, 17*(4), 170-178.

Pike, G. R., Kuh, G. D., McCormick, A. C., Ethington, C. A. & Smart, J. C. (2011). The relationship among educational expenditure, student engagement and students' learning outcomes *Higher Education, 52*(1), 81-106.

Pike, G. R., Smart, J. C. & Ethington, C. A. (2012). The mediating sffects of student engagement on the relationships between academic disciplines and learning outcomes: An extension of Holland's theory. *Higher Education, 53*(5), 550-575.

Pride, W., Hughes, R. J., & Kapoor, J. R. (1991). *Business (3rd Ed.)*. Boston: Houghton Miffin Company.

Polly, D., McGee, J. R., & Sullivan, C. (2010). Employing technology-rich mathematical tasks to develop teachers' technological, pedagogical, and content knowledge (TPACK). *Journal of Computers in Mathematics and Science Teaching, 29*(4), 455-472.

Putnam, R. (2004). Social captital: Measurement and Consequence. Dublin: *OECDForum on Education and Social Cohesion.*

Quinn, R. E., & McGrath, M. R. (1985). The transformation of organizational cultures: A competing values perspective. In P. J. Frost, L. F. Moore, M. R. Louis, C. C. Lundberg, & J. Martin (Eds.), *Organizational culture* (pp. 315-334). Thousand Oaks, CA, US: Sage Publications, Inc.

Raffin,D.S. (1996). *Brain-compatible learning and instruction: Bloom's taxonomy, multiple intelligences, cooperative learning, intergarted instruction* (Unpblished doctoral dissertation). Arizona State University, Tempe, AZ.

Ramasamy, B., Chakrabartya, A., & Cheahb, M. (2003). Malaysia's leap into the future: an evaluation of the multimedia super corridor. *Technovation, 24*(11), 871-883.

Ravenscroft, A. (2011). *Dialogue and connectivism: A new approach to understanding and promoting dialogue-rich networked learning.* Retrieved from http://www.irrodl.org/index.php/irrodl/article/view/934

Roberts, S.M., & Pruitt, E. Z. (2003). *School as Professional Learning Community: Collaborative Activities and Strategies for Professional Development.* US: Sage Publications

Rockoff, M. & Jonah, C. (2004). The impact of individual teachers: Evidences from panel data. *American Economic Review, 94*(2), 247-252.

Rogers. (2013).*Creating an interactive digital classrooms: New learning experience with Samsung school.* Retrieved from http: file://smart%20 education/Diane-Ashby_Samsung-School-for-PDS-Tech_.pdf

Rothman, R. (2007). *City schools: How districts and communities can create smart education system.* Cambridge: Harvard press.

Rue, L. W., & Byars, L. L. (1992). *Management skills and application.* Homewood, IL: Irwin.

Salah, A. M., Lela, M. & Al-Zubaidy, S. (2014). Smart education environment system. *GESJ: Computer Science and Telecommunications, 4*(44), 21-26.

Sammons, D. Pam, S., Josh, H.& Mortimor, P. (1995). *Key characteristics of effective schools: A review of school effectiveness research. International School Effectiveness and Improvement Center, Institute of Education.* London: OFSTED.

Sanghyun, J. (2010). A study on the strategies for improving the accessibility of the Korea Digital Textbook based UDL guideline. *The Journal of Korea association of computer education, 12*(3), 65-75.

Schein, E.H. (1992). *Organization cuture and leadership.* San Francisco: Jossey.

Sergiovanni, T. J. (1994). *Building community in schools.* San Francisco, CA:

Jossey-Bass Publishers.

Seo, S-W. & Kim, E-J. (2015). Development of collaborative problem-based learning model based on smart education. *Advance Science and Technology Letters, 15*, 79-86.

Sharif, A. M., & San, K. M. (2001). *The Invention curriculum: A Malaysian Experience*. Kuala Lumpur: Malaysia: Ministry of Education.

Shi.H (2010). Developing E-learning materials for software development courses. *International Journal Managing Information Technology, 2*(2), 15-21.

Smart School Project Team. (1997). *The Malaysian smart school: An MSC flagship application: A conceptual blueprint*. Retrieved from https://books.google.com.tw/books/about/The_Malaysian_Smart_School.html?id=iR35oAEACAAJ&redir_esc=y

Smart classroom(2018). *Smart classroom project*.Retrievw from https://www.utu.fi/fi/yksikot/braheadevelopment/palvelut/osaamisalueet/korkeakoulululutuksen-kehittaminen/PublishingImages/Smart%20Classroom%20Brochure.pdf

Smith, G. (2001). *So what difference are computers making in classroom for students?* Paper presented at the International Educational Conference, Petaling Jaya, Malaysia.

Sua, T. Y. (2012). Democratization of secondary education in Malaysia: Emerging problems and challenges of educational reform. *International Journal of Educational Development, 32*(1), 53-64.

Sufean, H. (2002). *Dasar pembangunan pendidikan Malaysia: Teori dan analisis*. Kuala Lumpur: Dewan Bahasa & Pustaka.

Sufean, H. (2007). Revitalizing the use of police cycle in the governance and management of the education system. In Sufean Hussin et al, (Eds.), *The whirlwind in education, management and police* (pp.19-33). Kuala

Lumpur: UM Publications.

Sykes, E. R. (2014). New methods of mobile computing: From smartphone to smart education. *Tech Trends: Linking Research and Practice to Improve Learning. 58*(3), 26-37.

Tagg, J. (2003). *The learning paradigm college.* Bolton: MA: Anker.

Teach Thought Staff (2013). *6 Steps To a flipped classroom.* Retrieved from http://www.teachthought.com/trends/flipped-classroom-trends/6-steps-to-a-flipped-cla ssroom/

Teele, S.(1994). *The relationship of multiple intelligences to the instructional process*(Unpublished doctoral dissertation). University of California, US.

Thang, S., Azman, H. C. & Joyes, G. (2010). Supporting smart school teachers' continuing professional development in and through ICT: A model for change. *International Journal of Education and Development Using ICT, 6*(2), 121-134.

Tikhomirov, N.V. (2012). *Global for strategy for the devdlopment of smart-society.* Retrieved from http://smartmesi.blogspot.com/2012/03/smart-smart.html

Tondeur, J., Braak, J., & Valcke, M. (2006). Curricula and the use of ICT in education: Two worlds apart? *British Journal of Educational Technology, 38*(6), 962-975.

Torff, B. (1997). Introduction: The multiple intelligences. In B.Torff (Ed.), *Multiple intelligences and assessment.* (pp. vii-x). IL: IRISkylight.

Tucker, B. (2012). The flipped classroom. *Education Next, 12*(1), 82-83.

Taylor, J., Barbara, M. P., David., P., Kathlrrn, C. & Sharon, W.T. (2000). Effective school and accomplished teachers: Lesson about primary-grade reading instruction in low-income schools. *The Elementary*

School Journal, 101(2), 121-165.

Vangilder, J. S. C. (1995).*A study of multiple intelligence as implemented by a Missouri school* (Unpublished doctoral dissertation). University of Arkansas, US.

Villegas-Reimers, E. (2003). *Teacher professional development: An international review of the literature*. Paris, France: UNESCO: International Institute for Educational Planning.

Wan, A. W., Nor, M.H., Hamzah, A. & Alwi, N. (2009). The conditions and level of ICT Integration in Malaysian smart schools. *International Journal of Education and Development using ICT, 5*(2), 79-92.

Whitaker, K. S. & Moses, M. C. (1994). *The Restructuring Handbook: A Guide for Revitalization*. Boston: Allyn and Bacon.

Wiki. (2018a). *Key performance indicators*. Retrieved from https://zh.wikipedia. org/zh-tw/%E9%97%9C%E9%8D%B5%E7%B8%BE%E6%95%88% E6%8C%87%E6%A8%99

Wiki. (2018b). *Gantt chart*. Retrieved from https://zh.wikipedia.org/zh-tw/%E7% 94%98%E7%89%B9%E5%9B%BE

Wills, M. (1993). *Managing the Training Process: Putting the Basics into Practice*. England: McGraw-Hill.

Wilson, B. G.., Ludwig-Hardman, s., Thornam, C. L., & Dunlap, J. C. (2004). Bounded community: Designing and facilitating learning communities in formal courses. *International Review of Research in Open and Distance Learning, 5*(3), p1-22.

Windschitl, M. & Sahl, K. (2002). Tracing teachers' use of technology in a laptop computer school: The interplay of teacher beliefs, social dynamics, and institutional culture. *American Educational Research Journal, 39* (1), 165-205.

Yoosomboon, S. & Wannapiroon, P. (2015). Development of a challenge based learning model via cloud technology and social media for enhancing information management skills. *Social and Behavioral Science, 176*, 2102-2107.

Zaom, M. Z. M., Atan, H., & Idrus, R. M. (2004). The impact of information and communication technology (ICT) on the management practice of Malaysia Smart Schools. *International Journal of Educational Development, 24* (2), 201-211.

Zepeda, S. J. (1999). *Staff development: Practices that promote leadership in learning communities.* Larchmont, NY: Eye on Education.

Zhao, Y. & Frank, K. A. (2003). Factors affecting technology users in schools: An ecological perspective. *American Educational Research Journal, 40* (1), 807-840.

ZTE. (2018). *Smart education solution.*Retrievw from http://enterprise.zte.com. cn/cn/cebit2016/files/201603/P020160310607540982069.pdf

國家圖書館出版品預行編目(CIP) 資料

智慧學校 / 蔡金田著. -- 初版. -- 臺北市：元
　華文創, 民107.07
　　面；　公分

　　ISBN 978-986-393-983-2(平裝)

　1.教學科技　2.數位學習

521.53
107009056

智慧學校

蔡金田　著

發 行 人：陳文鋒
出 版 者：元華文創股份有限公司
聯絡地址：100 臺北市中正區重慶南路二段 51 號 5 樓
電　　話：(02) 2351-1607
傳　　真：(02) 2351-1549
網　　址：www.eculture.com.tw
E - m a i l：service@eculture.com.tw
出版年月：2018（民 107）年 09 月 初版二刷
定　　價：新臺幣 330 元

ISBN：978-986-393-983-2 (平裝)

總 經 銷：易可數位行銷股份有限公司
地　　址：231 新北市新店區寶橋路 235 巷 6 弄 3 號 5 樓
電　　話：(02) 8911-0825　　傳　　真：(02) 8911-0801